ए. बी. सी. डी.

रवीन्द्र कालिया

वाणी प्रकाशन

वाणी प्रकाशन

4695, 21-ए, दरियागंज, नयी दिल्ली 110 002

शाखा

अशोक राजपथ, पटना 800 004

फ़ोन : +91 11 23273167 फ़ैक्स : +91 11 23275710

www.vaniprakashan.in
vaniprakashan@gmail.com
sales@vaniprakashan.in

A. B. C. D.
by Ravindra Kalia

ISBN : 978-93-5072-603-7

Novel

संस्करण 2013
आवृत्ति 2016
मूल्य : ₹ 55

हर्ष प्रिंटर्स, दिल्ली-110 093 में मुद्रित

वाणी प्रकाशन का लोगो मक़बूल फ़िदा हुसेन की कूची से

ए. बी. सी. डी.

ई-मेल : विषय; फैमिली अफेयर

"प्रिय प्रभु, शीनी तलाक लेने पर उतारू। तुम्हारी भाभी ने खाना-पीना छोड़ा। घर में मातमी माहौल। प्रपन्नाचार्य (एस्ट्रोलाजर) को शीनी की जन्मपत्री दिखाकर उपचार पूछो। अलगरजी मत करना। हरदयाल।"

हरदयाल ने कम्प्यूटर ऑफ किया और कोने में पड़े दीवान पर ढेर हो गया। शीनी ने हमेशा उसे तनाव में रखा था। शादी की ज़िद ठानी थी, तब भी वह महीनों परेशान रहा था, पूरे परिवार का अमन-चैन खत्म हो गया था और अब शादी के पचीस साल बाद यह नया शगूफा। दो जवान बेटियाँ हैं, वे क्या सोच रही होंगी। छह-छह फीट के दो लड़के हैं, वे इस स्थिति का कैसे सामना करेंगे? शीनी के विवाह के अवसर पर उसने भारतीय संस्कृति और जीवन-शैली को महिमामंडित करते हुए दावा किया था कि हम भारतीय लोग विवाह को एक पवित्र बन्धन मानते हैं। हम इस सम्बन्ध को जन्म-जन्मान्तर तक निभाने का संकल्प लेते हैं। निक को हमने एक अत्यन्त विनम्र, आज्ञाकारी और कर्त्तव्यनिष्ठ नवयुवक के रूप में जाना है। हमारा विश्वास है कि पूर्वजन्म में वह भी एक भारतीय आत्मा रहा होगा। हम उससे अपेक्षा रखते हैं कि वह हमारी फूल-सी बिटिया को हमेशा फूलों की सेज पर रखेगा और उसके प्रति अपने प्रेम में लेशमात्र की कमी न आने देगा। हम दोनों के सुखद और सुदीर्घ दाम्पत्य की कामना करते हैं।

यह सोचकर हरदयाल का सिर शर्म से फोम के तकिये में झुकता चला गया कि निक ने तो शपथ का निर्वाह किया, उसकी बिटिया ने ही इस बन्धन को तार-तार करने की ठान ली। यह एक ऐसी शर्मनाक खबर थी, जो अभी तक परिवार तक सीमित थी, मगर जल्द ही जंगल की आग की तरह इसकी लपटें हर सिम्त उठने लगेंगी। हरदयाल पलँग की पट्टी पर अपना सिर पटकने लगा। सिर पटकने से उसे बहुत राहत मिलती। यह विधि उसने अपनी पत्नी से सीखी थी। एम ज़माना था, उसकी पत्नी ज़रा-ज़रा सी बात पर सिर पटकने लगती। सामने दीवार पड़ती तो दीवार पर, खम्भा पड़ता तो खम्भे पर। बच्चे बड़े हुए तो वे भी बात-बात पर सिर पटकने लगे। हरदयाल की पत्नी शील को बच्चों की खातिर आखिर अपना यह प्रिय शौक छोड़ना पड़ा। अब उसे मनस्ताप होता तो सिर पीटने की बजाय मंत्रोच्चार करने

लगती। दसियों मंत्र और चालीसे उसने कंठस्थ कर रखे थे।

आधी रात को जब हरदयाल की नींद खुली तो उसने पाया उसकी पत्नी पलँग पर नहीं थी। वह घर के एक कोने में मन्दिर के सामने बैठकर तन्मयता से पूजा कर रही थी। बीच-बीच में वह पीतल की छोटी-सी घंटी उठा लेती और भगवान के कानों के पास ध्वनि करती। इस बीच वह शंख ध्वनि करना भी सीख गयी थी। लग रहा था, पूजा करने में उसने शरीर की पूरी ऊर्जा लगा रखी है। उसने जैसे तय कर लिया था कि वह ईश्वर को इस बात के लिए राज़ी करके ही दम लेगी कि शीनी तलाक की ज़िद छोड़ दे। पूजा करते-करते सहसा वह निढाल हो गयी और वहीं आसन पर लुढ़क गयी।

शील ने छोटी बिटिया नेहा को भी सेण्ट पाल से बुलवा लिया था। उसे शाम तक लौट जाना था, मगर यहाँ अपने माता-पिता की स्थिति देख उसने एकाध दिन उनके पास रुक जाना ही बेहतर समझा। शीनी उसकी बड़ी बहन नहीं, सखी भी रही है। उसे विश्वास था कि शीनी उसकी बात पर तो ज़रूर ही गौर करेगी, मगर ज्यों ही नेहा ने उसे अपने फैसले पर पुनर्विचार करने का सुझाव दिया, शीनी ने उसे अपनी सीमा में ही रहने का मश्विरा दिया और फोन काट दिया। नेहा इस व्यवहार के लिए तैयार न थी। उसे गहरा आघात लगा।

इस घर में आज पहली बार ऐसा हुआ था कि किसी ने उससे सुबह की चाय तक के लिए नहीं पूछा था। एक खास तरह का बेगानापन चारों तरफ पसरा हुआ था। नीचे माँ और ऊपर पिता ने मनहूसियत फैला रखी थी। जब-जब ऐसा हुआ, शीनी के कारण ही हुआ। उसे झटके देने की आदत है। पहला झटका उसने तब दिया था जब वह विधिवत् घोषित रूप से 'डेट' पर गयी थी। नेहा उन दिनों स्कूल में पढ़ती थी।

एक दिन स्कूल से लौटकर उसने पाया, घर का माहौल कभी इतना मनहूस और ग़मग़ीन न था। लग रहा था, दीवारें रो रही हैं, फर्नीचर खिसक रहा है। फर्श पर बिछा कालीन मुर्दे की तरह निस्पंद पड़ा था। हस्बेमामूल उसने अत्यन्त उत्साह से आवाज़ दी थी, "मॉम कहाँ हो? मैं आ गयी।"

नेहा को याद है, उसकी आवाज़ कमरे का चक्कर लगाकर उसी की गोद में आ गिरी थी। उसने दुबारा आवाज़ दी, "मॉम मॉम।" कोई उत्तर न पाकर वह बेडरूम में घुस गयी थी। उसने देखा उसकी माँ आज ही की तरह औंधी लेटी थी और सिसकियाँ भर रही थी।

"क्या हुआ माँ?" उसने माँ को हिलाते हुए पूछा था।

"मर गयी तेरी माँ।" माँ ने सिसकियों के बीच जवाब दिया।

नेहा हतप्रभ माँ के पास खड़ी रही। उसे ज़िला स्तरीय स्कूली प्रतियोगिता में पियानो वादन का पहला पुरस्कार मिला था और वह बहुत उत्साहित थी। उसने लगभग दौड़ते हुए घर में प्रवेश किया था कि जाते ही माँ से लिपट जाएगी और माँ थी कि उसकी तरह पलटकर भी न देख रही थी। उसने लिविंग रूम में जाकर डैड को फोन मिलाया और हवा में तैरते हुए बताने लगी, "डैड, आई एम फीलिंग एज इफ़ आई एम आन टाप ऑफ द वर्ल्ड। दस लड़कियों में फर्स्ट आयी हूँ। कम होम अर्ली डैड, आई एम सो एंक्शस टु शेयर माई फीलिंग्स विद यू।"

नेहा जान-बूझकर ऊँचे स्वर में बोल रही थी ताकि उसकी माँ भी यह खुशखबरी सुन ले और आकर उसे आलिंगन में ले ले। माँ पर इस खबर का भी कोई असर न हुआ और वह जस की तस लेटी रही।

"मॉम, मॉम, इस तरह परेशान क्यो हो?"

जवाब में माँ की सिसकियाँ और तेज़ हो गयीं। अचानक नेहा कों शीनी का ध्यान आया, "शीनी कहाँ है मॉम?"

"मेरे रोकते-रोकते वह किसी गोरे के साथ मुँह काला करने चली गयी। हाय रे, मैं तो बर्बाद हो गयी, मैं कहीं की न रही। मुझसे यह सब न सहा जाएगा। मुझे ऊपर उठा ले मेरे पातशाह।" माँ विलाप करने लगी।

नेहा को समझते देर न लगी कि शीनी निक के साथ 'डेट' पर गयी है। वह कई दिन पहले इसकी घोषणा कर चुकी थी। माँ उस समय भी चिल्लायी थी। शीनी को पीटने के लिए उसके हाथ भी उठे थे, मगर डैड ने उसका हाथ थाम लिया था। उन्होंने उस वक्त शीनी से कहा तो कुछ नहीं, मगर वहाँ से उठकर अपनी असहमति प्रकट कर दी थी।

नेहा के लिए यह कोई अजूबा बात न थी। उसके स्कूल की सहेलियाँ आये दिन किसी न किसी के साथ डेट पर जाती रहती थीं। डेट को लेकर उसके मन में एक हिचक जरूर थी, मगर परहेज़ नहीं था। उसकी कक्षा के दो एक लड़के उसे भी डेट पर ले जाने की पेशकश दे चुके थे, मगर उसने विनम्रता से मना कर दिया था। उसे मालूम था, एक न एक दिन हर लड़की डेट पर जाती है, वह भी जाएगी। माँ को इस तरह रोते-कलपते देख उसे बहुत पीड़ा हुई। उसकी जहालत पर गुस्सा भी आया। माँ की नज़र में जो हिन्दुस्तान में होता है, वही सही है। उसे विश्वास नहीं होता कि माँ ने भारत में समाजशास्त्र में एम. ए. किया था। औसत हिन्दुस्तानी अभिभावक लड़का-लड़की के मेलजोल को निरापद नहीं मानते। जाने उनके मन में यह क्यों घुस

गया है कि लड़का-लड़की एकान्त पाते ही सेक्स करने लगेंगे। वे अपने बच्चों पर भी भरोसा नहीं करना चाहते। नेहा अपनी बहन को अच्छी तरह जानती है। वह लौटकर यह कहने में भी सक्षम है कि. "माँ मैं सही-सलामत लौट आयी हूँ, चिन्ता न करो कोई सेक्स-वेक्स नहीं हुआ।"

माँ बहुत गर्व से बताया करती थी कि हिन्दुस्तानी लड़कियाँ डेटफेट पर नहीं जातीं। मौका मिलते ही वह एक आदर्श हिन्दुस्तानी लड़की का खाका पेश करती रहती थी। उसकी हमेशा यही कोशिश रहती थी कि उसकी लड़कियाँ विलायत में रहते हुए भी शुद्ध हिन्दुस्तानी लड़कियों की तरह पेश आयें। शलवार-कमीज़ पहनें और हमेशा सिर ढाँप कर रखें। नज़रें झुकी रहें।

दोनों लड़कियाँ आज तक यह मानने को तैयार न थीं कि शादी से पहले मम्मी और डैडी ने एक-दूसरे से विधिवत् बातचीत तक न की थी।

"पहली बार डैडी को देखा था तो कैसा लगा?" शीनी माँ से पूछती।

"वह कैसे भी होते, मुझे अच्छे लगते।" यह बताते हुए माँ यह भी जड़ देती, "हमें यही सिखाया गया था।" इस बात का साफ-साफ यह अर्थ निकलता था कि मेरे तजुर्बे से कुछ सबक ले लो। घर में मम्मी-डैडी की शादी की एक तस्वीर थी जो बच्चों के मनोरंजन का साधन बन चुकी थी। शीनी कहा करती थी कि तस्वीर में दोनों के चेहरे इतने कठोर और ऐंठे हुए लग रहे थे कि देखकर यह पूछने की इच्छा होती थी कि शादी की तस्वीर है या तलाक के काग़जों पर दस्तख़त करने के फौरन बाद की? आज़िज़ आकर मम्मी ने वह तस्वीर बेसमेण्ट में छिपा दी थी, मगर शीनी को इसकी भनक लग गयी थी। जब कभी घर में सन्नाटा खिंच जाता, शीनी वह तस्वीर खोज निकालती। उसके बाद घंटों ठहाके लगते। तस्वीर की नयी-नयी व्याख्याएँ पेश की जातीं। शीनी कहती, "ऐसा लगता है कि दो बाल-ब्रह्मचारियों की ज़ोर-जबर्दस्ती से शादी करके तस्वीर खींच ली गयी है। मम्मी ने सिर ऐसे ढाँप रखा है जैसे बहुत बर्फ गिर रही हो और डैडी को तो देखो, कैसी गोल टोपी पहन रखी है। लगता है खासतौर पर शादी के लिए खरीदी थी।"

"दीदी तुमने बैकग्राउंड पर ध्यान नहीं दिया।" नेहा कहती, "जंगल का कितना सुरम्य दृश्य है। हिरण शावक दौड़ रहे हैं। पेड़ों पर कोयल बोल रही है। मोर अपने बहुरंगी पंख फैलाये नृत्य कर रहे हैं। मॉम यह कहाँ का दृश्य है?"

"जन्नत का।" शील कहती, "ऐसा ही है हमारा हिन्दुस्तान। देखो कैसे कलकल झरने बह रहे हैं। इस मुल्क में ऐसे दृश्य कहाँ?"

"माँ तुलना न किया करो। कैनेडा जैसी एक भी झील भारत में दिखा हो। अपनी पवित्र नदियों का रख-रखाव तो भारत कर नहीं पाता।"

"हर वक़्त हमारे भारत के खिलाफ बोलती हो। मेरा बस चले तो तुम्हारे ऊपर टाडा लगा दूँ।"

"टाडा क्या होता है?"

"रहने दो। जी. के. इतना न बढ़ा लो कि अपच हो जाए।'

तभी अचानक टेलीफोन की घंटी बजने लगी थी। नेहा को आज भी याद है कि उसने देर तक रिसीवर नहीं उठाया था। वह आशा कर रही थी कि माँ कोपभवन से निकलकर रिसीवर उठा लेगी। मगर माँ उसी प्रकार निश्चल लेटी रही। उसने माँ की नाक के आगे अंगुलियाँ फैलाकर सुनिश्चित किया कि माँ की साँस चल रही थी। वह कुछ ऐसे अवसाद में डूबी हुई थी जैसे शीनी ने कुल की तमाम मर्यादाओं का गला घोंट दिया हो और अब डेट से लहूलुहान लौटेगी।

माँ अपनी दोनों बेटियों को असूर्यंपश्या बनाकर रखना चाहती थी। वह ऐसी लड़कियों के उदाहरण पेश करती कि शीनी गुस्से से लालपीली हो जाती। जब माँ बताती कि उसकी सहेली लीला की बेटी अपूर्वा पेंतीस की हो गयी, बैंक में नौकरी करती है और कभी डेट पर नहीं गयी तो शीनी तुनुककर जवाब देती, "देखना माँ एक दिन वह पागल हो जाएगी या आत्महत्या कर लेगी।"

माँ अपूर्वा को अक्सर वीकएंड पर आमंत्रित करती। उसकी हार्दिक इच्छा थी कि उसकी बेटियाँ भी अपूर्वा के नक्शे-कदम पर चलें, मगर लड़कियों को अपूर्वा से एलर्जी थी। वे उसके साये से दूर भागतीं। शीनी ने तो एक दिन उससे कह दिया कि अपूर्वा तुमने बाल-विधवा का वेश क्यों अपना रखा है। तुम्हारे पास अच्छी-खासी सूरत और नौकरी है, किसी जवान गबरू से दोस्ती करो और घर बसाने की सोचो। ऐसे ही रहने का इरादा हो तो हिन्दुस्तान लौटकर साध्वी बन जाओ। वहाँ साध्वियों की अच्छी-खासी मार्केट है।

अपूर्वा के जाने के बाद माँ ने शीनी को डाँटा तो उसने अत्यन्त बदतमीज़ी में जवाब दिया कि माँ सिर्फ दिन-रात शलवार पर पहरा देने वाली लड़कियाँ ही पवित्र नहीं होतीं। मैं देख रही हूँ, इस देश में हिन्दुस्तानियों ने अपनी बेटियों को यही एक काम दे रखा है। आज पूरी दुनिया में लड़कियाँ मर्दों के कन्धे से कन्धा मिलाकर काम कर रही हैं।

"जो मुँह में आता है बकती रहती हो। माँ-बाप दुश्मन तो नहीं होते।"

"यहाँ आकर दुश्मन भी हो जाते हैं। कुलभूषण जी ने अपनी बिटिया को कितने अनुशासन में रखा हुआ था, बेचारी अवसादग्रस्त होकर छत के कुंडे से झूल गयी। उसकी माँ बड़े गर्व से अफसोस में आये लोगों को उसकी पोस्टमार्टम रिपोर्ट दिखा रही

थी कि वह कुँआरी थी।"

"फाँसी पर झूल गयी, मगर अपनी इज्जत को बट्टा नहीं लगने दिया। शील ने कहा, "यों ही दुनिया में सीना तानकर नहीं खड़ा भारत।"

"तो जाओ वहीं जा बसो।" शीनी ने माँ से कहा, "मुझे तो विस्मय होता है कि तुमने इस देश की नागरिकता ली ही क्यों?"

"मैं तो आना ही नहीं चाहती थी गोमांस भक्षियों के इस देश में।"

"माँ, क्यों अपने को धोखा देती रहती हो? नागरिकता लेने के लिए न जाने कितने सच्चे-झूठे शपथपत्र तुमने दाखिल किये थे। मेरा मुँह न खुलवायो।"

"तुम्हारी जैसी सन्तान भगवान किसी को न दे।" माँ ने बहुत दुखी होकर कहा था, "जो अपने माँ-बाप की दुश्मन हो जाए। मैं तो अपने को कोसती रहती हूँ कि ऋषियों-मुनियों की पवित्र धरती छोड़कर यहाँ क्यों चली आयी। पिछले जन्म में ज़रूर कोई पाप किया होगा जिसका दंड भोग रही हूँ।"

"माँ तुम जैसे जानती नहीं कि उसी ऋषियों-मुनियों की धरती से छल-छद्म स कितने लोग यहाँ आते हैं। कोई सगी बहन से फर्जी शादी रचाकर चला आता है तो कोई बहू से। जितनी झूठी शादियाँ और झूठे तलाक यहाँ के हिन्दुस्तानियों के बीच होते हैं, किसी दूसरे मुल्क के लोगों के बीच न होते होंगे।"

"मैंने लड़कियाँ नहीं, साँपिनें पैदा की हैं।" माँ तर्क में नहीं पड़ना चाहती थी।

"तुम्हें गर्व होना चाहिए कि तुम्हारी ये साँपिनें दोहरी ज़िन्दगी नहीं जीतीं। जब मैं हिन्दुस्तानियों को यह कहते हुए सुनती हूँ कि अवर कंट्री इज़ वैरी वैरी ग्रेट तो मेरा बहुत मनोरंजन होता है। दलितों, अल्पसंख्यकों और अपनी बहुओं को ज़िन्दा जलाने वाली कौम जब नैतिकता और अहिंसा का वास्ता देती है तो मेरी हँसी छूट जाती है।"

"यह जो कैंची की तरह तुम्हारी ज़ुबान चलने लगी है, किसी दिन काटकर रख दूँगी। गन्दे लोग किस समाज में नहीं होते। मोई मरजानी सारी कौम को बदनाम कर रही है। ऐसी राष्ट्रविरोधी बातें करोगी तो कोई हिन्दुस्तानी तुमसे शादी करने को तैयार न होगा।"

"मुझे करनी ही नहीं किसी हिन्दुस्तानी से शादी।"

"मैं जान दे दूँगी, मगर किसी गोरे से शादी करने की इजाजत न दूँगी। राष्ट्रविरोधी कहीं की।"

"राष्ट्रविरोधी तो तुम हो। यहाँ की नागरिक हो और तुम्हारी लॉयल्टी दूसरे देश के साथ है। मैं तो यहाँ पैदा हुई थी और यहीं की जीवन-शैली अपनाऊँगी।"

"जीवन-शैली अपनाने से तुम्हें किसने रोका है। मैं तो सिर्फ इतनी-सी बात तुम्हारे भेजे में डालना चाहती हूँ कि बेटा यहाँ की चकाचौंध से इतना प्रभावित न हो

जाओ कि नारीसुलभ गुणों को भुला बैठो। नारी का सबसे बड़ा आभूषण लज्जा है। शील है। कोमलता है। कन्याओं का तो कौमार्य भी है।''

माँ का रटा-रटाया भाषण सुनकर शीनी भड़क गयी, ''तुम लोगों की सारी नैतिकता चड्डी तक सीमित है।''

शीनी ने जानबूझकर चड्डी का जिक्र किया था। शील चड्डी को लेकर बहुत सजग रहती थी। बच्चियों को स्कूल रवाना करने से पहले शुरुआती कक्षा से ही वह सुनिश्चित कर लेती थी कि बच्चियों ने चड्डी पहनी है कि नहीं। बच्चियाँ अब बड़ी हो गयी थीं और माँ जब स्कूल जाने से पहले पूछती कि चड्डी पहन ली है तो दोनों बच्चियाँ जल-भुनकर राख हो जातीं। शीनी आजिज़ आकर एक दिन माँ से भिड़ गयी, ''चड्डी के भीतर क्या हीरे-जवाहरात रखे हैं?''

''हमारी संस्कृति में तो यह हीरे-जवाहरात से भी ज्यादा मूल्यवान है। हीरा खो जाए तो दुबारा खरीदा जा सकता है, मगर इसे नहीं। यह स्त्री का ऐसा आभूषण है जो खो जाने पर दुबारा हासिल नहीं किया जा सकता।''

''माँ, मेरी समझ में नहीं आता कि हिन्दुस्तानी लोग अपनी बेटियों के यौन जीवन के प्रति इतने क्रूर क्यों हो जाते हैं। अपनी बेटी की उम्र तक छह बच्चे पैदा करने वाले माँ-बाप भी बेटी को दिमागी तौर पर चेस्टिटी बेल्ट पहनाते रहते हैं।''

''यह कौन-सी बेल्ट होती है? मेरे साथ ज्यादा अंग्रेजी न झाड़ा करो।''

''गुप्तांग पर ताला लगाने वाली पेटी।''

''क्या बक रही हो? यह कैसी शिक्षा पद्धति है जो यह भी नहीं सिखाती कि माँ-बाप के साथ कैसे पेश आना चाहिए। कौन ऐसे माँ-बाप होंगे जो अपनी बेटी के साथ ऐसा व्यवहार करेंगे।''

''सब हिन्दुस्तानी अपनी बेटियों के साथ ऐसा ही व्यवहार करते हैं। तुम भी ऐसा ही कर रही हो। जब से मैंने होश सँभाला है तुम मुझे शीलरक्षक पेटी ही तो पहनाती रहती हो। यह मानसिक पेटी तो असली पेटी से भी ज्यादा यंत्रणा देती है।''

''मेरा बस चले तो मैं तुझे वापस पंजाब भेज दूँ। तुम्हारे लच्छन मुझे ठीक नहीं लग रहे। स्कूल से क्या सीख कर आती हो।''

नेहा को शीनी का दो टूक बात करने का अन्दाज़ बहुत अच्छा लगता था। वह खुद तो इतनी दब्बू थी कि अपनी फरमाइश भी शीनी के माध्यम से माँ-बाप तक पहुँचाती थी। भीतर ही भीतर वह शीनी के डेट पर जाने के साहसिक कदम से खुश ही थी। जो चीज़ें शीनी संघर्ष करके हासिल करती थी, नेहा को विरासत में मिल जाती थीं। उसे विश्वास था कि जब वह डेट पर जाएगी तो घर में इतना बवाल न होगा।

वह अभी सिर्फ चौदह की थी और उसका एक सहपाठी विलियम उसे कई बार डेट के लिए आग्रह कर चुका था। एक दिन तो वह नेहा की बेरुखी से आजिज़ आकर बोला कि हिन्दुस्तानी लड़कियाँ डेट से ऐसे डरती हैं, जैसे अनाड़ी लड़कियाँ हनीमून से। नेहा तो सचमुच अनाड़ी थी, इतनी अनाड़ी कि हनीमून का मतलब भी न समझती थी। घर जाकर सबसे पहले उसने डैड के 'एन ए बी ज़ेड ऑफ लव' में हनीमून का अर्थ देखा और मुक्कियाँ तानकर विलियम को कोसा।

नेहा विचारों में ऐसी खोयी थी कि फोन कई बार टनटना कर शान्त हो चुका था। इस बार घंटी बजी तो उसने अनिच्छा से फोन उठा लिया था। डैड थे लाइन पर, "घर में कोई फोन क्यों नहीं उठा रहा, मैं एक घंटे से परेशान हूँ।"

"मैं सो गयी थी डैड।" नेहा ने कहा।

"तुम्हारी मम्मी कहाँ हैं?"

"मम्मी बेडरूम में हैं।" नेहा ने बताया, "शीनी डेट पर गयी है और मम्मी तब से रो रही हैं।"

"आख़िर उस बदतमीज़ लड़की ने मनमानी ही की।" डैड ने एक लम्बी साँस भरते हुए कहा, "मम्मी उठे तो बता देना, मैं खाना खाकर आऊँगा। भारत से स्वामी अपूर्वानन्द जी आये हुए हैं। सन्तोष के यहाँ उनका प्रवचन और भंडारा है। और हाँ, शीनी आ जाए तो मुझे सूचित ज़रूर कर देना।"

"जी डैड।" नेहा ने कहा।

नेहा को लग रहा था कि घर का वातावरण बहुत तनावग्रस्त हो गया है। शीनी के लौटने पर अच्छा-खासा बवाल होने की सम्भावना बन रही थी। माँ को अवसाद से बाहर लाने में काफी मशक्कत करनी पड़ सकती है और शीनी ने अगर कहीं डैड से जुबान लड़ाने की गुस्ताखी कर दी तो उसके गम्भीर परिणाम हो सकते हैं।

शीनी पहले ही सबको आगाह कर चुकी है कि किसी ने उस पर हाथ उठाया तो वह पुलिस को खबर कर देगी। अब तक कई हिन्दुस्तानी परिवार बच्चों की शिकायत कर पुलिस की चपेट में आ चुके थे। नेहा की हमदर्दी शीनी के साथ थी, उसे लग रहा था कि उसके माता-पिता को पिछड़ी मानसिकता से मुक्ति पानी चाहिए और वे एक मामूली-सी बात को लेकर तूमार बाँध रहे हैं। यहाँ के आचार-व्यवहार में डेट पर जाना एक सामान्य बात है। विलियम को मना करने के बाद एक दिन नेहा ने अपनी सहेली एस्टैला से पूछा कि क्या वह कभी डेट पर गयी है तो उसने अत्यन्त सादगी से जवाब दिया कि वह हर वीकएंड को डेट पर जाती है और उसके घरवाले भी इसमें हस्तक्षेप नहीं करते। एक दिन उसने एस्टैला से डरते-डरते पूछा, "एस्टैला, अगर तुम बुरा न मानो तो मैं तुमसे एक निजी सवाल पूछना चाहती हूँ।"

"पूछो, पूछो।"

"एस्टैला, सच-सच बताना क्या तुम अभी तक पवित्र हो?"

"बड़ा बेहूदा सवाल है। पवित्रता से तुम्हारा क्या अभिप्राय है?"

"आई मीन कि क्या तुम वर्जिन हो?"

एस्टैला ने बहुत जोर से ठहाका लगाया, "मैं तो साल भर से गर्भनिरोधक पिल्स पर हूँ। अच्छा, तो तुम अब बताओ कि क्या तुम अभी तक वर्जिन हो?"

नेहा का चेहरा शर्म से सुर्ख हो गया। लजाते हुए बोली, "और क्या?"

"मुझे तो वर्जिनिटी एक बोझ लगने लगी थी। मैं जल्द से जल्द उससे छुटकारा पा लेना चाहती थी ताकि सामान्य जीवन जी सकूँ। सच तो यह है, मैं इससे आब्सैस्ड नहीं रहना चाहती थी।"

"तो तुमने क्या किया?" नेहा ने उत्सुकतावश पूछा।

"मुक्ति पा ली। और क्या किया?"

"कैसा था तुम्हारा अनुभव?"

"बहुत खराब। अनाड़ीपन की भौंडी मिसाल। चार-पाँच सेकेण्ड में ही वारे-न्यारे हो गये। आई फाउण्ड इट लैस इरॉटिक दैन ए गाइनिकॉलजिकल एग्जाम।"

एस्टैला की बात सुनकर नेहा बहुत निराश हुई। एस्टैला ने नेहा को भींचते हुए कहा, "निराश न हो मेरी जान। यहीं से स्वर्ग के आनन्द द्वार भी खुलते हैं। मेरे लिए तो प्रत्येक वीकएंड एक नयी एक्स्टेसी, एक नया हर्षोन्माद लेकर आता है। तुम अभी बच्ची हो, ये बातें अभी तुम्हारी समझ में न आयेंगी। मैंने सुना है ज्यादातर हिन्दुस्तानी लड़कियाँ उसी तरह वर्जिनिटी को चिपकाए घूमती है जैसे बंदरिया मरे हुए बच्चे को। मुझे लगता है, बहुत से पेरेण्ट्स बच्चों के यौन जीवन से ईर्ष्या करने लगते हैं और उन्हें काल्पनिक खतरों से डरा-धमकाकर प्रताड़ित करते रहते हैं।"

नेहा नाराज हो गयी थी एस्टैला की बात से। उसने कहा, "हिन्दुस्तानी पेरेण्ट्स तो ऐसा नहीं करते। हमारे यहाँ हर काम के लिए उम्र तय है।" नेहा को लगा था कि एस्टैला हिन्दुस्तानियों पर कटाक्ष कर रही है।

"तुम तो नाराज हो रही हो। फर्क सिर्फ इतना है कि हम किसी दूसरे को अपना भविष्य तय करने की इजाज़त नहीं देते।"

"तुम्हारी दोस्ती तो ट्रेंट से चल रही है न?" नेहा ने बात का रुख बदलते हुए पूछा।

"कौन ट्रेंट?"

"वही जिसने नाइन्थ में टॉप किया है।"

"उसे तो मैंने बहुत पहले लताड़ दिया था।"

"क्यों?"

"बहुत शक्की और झक्की स्वभाव का लड़का है। कोई लड़की उसके साथ डेट पर नहीं जाना चाहती।"

"क्यों?"

"वह भी तुम्हारी तरह वर्जिनिटी के प्रश्न से आब्सैस्ड रहता है। मैंने बहुत पहले उसे राय दी थी कि उसे किसी वर्जिन की तलाश है तो इंडिया चला जाए, सुनते हैं, वहाँ ढेरों मिलती हैं।"

नेहा कहते-कहते रुक गयी कि भारत जाने की जरूरत नहीं, यहाँ भी बहुत-सी ऐसी लड़कियाँ मिल जाएँगी। उसने मन ही मन तय किया कि मौका मिला तो वह ट्रेंट से दोस्ती करेगी। नेहा अभी उसके साथ डेट पर जाने का सपना देख ही रही थी कि एक दिन खबर लगी कि ट्रेंट सचमुच विनिमय कार्यक्रम के तहत चंडीगढ़ चला गया है। नेहा का दिल बैठ गया। उसे विश्वास हो गया कि ट्रेंट चंडीगढ़ से अकेला नहीं लौटेगा, चंडीगढ़ की कोई न कोई वर्जिन सुन्दरी उसके साथ अवश्य लौटेगी।

एक दिन एस्टैला ने नेहा को बताया कि वह इस [illegible] रीक्षाओं के बाद माइकल के साथ यूरोप भ्रमण पर जा रही है। नेहा की समझ में नहीं आ रहा था कि एस्टैला के घरवाले उसके इस प्रस्ताव पर कैसे राज़ी हो गये कि वह एक लड़के के साथ अकेले यूरोप भ्रमण पर जाए। नेहा की माँ तो इस प्रस्ताव पर ज़हर खा लेती। ज़हर खाने की हिम्मत न होती तो उसका गला घोंट देती। कुछ भी हो सकता था। उसकी माँ पागल भी हो सकती थी। उसके पिता घोर यंत्रणा से गुजरते मगर जल्द ही अपने को समझा-बुझाकर शान्त हो जाते। उनका तकियाकलाम भी उनके इस व्यक्तित्व के अनुरूप था। जब कहीं पेश ने चलती तो वह गुनगुनाते— होता वही है जो मंजूरे खुदा होता है।

बहुत देर तक बेडरूम से कोई आवाज़ न आयी तो नेहा ने भीतर जाकर देखा, माँ रोते-रोते सो गयी थी। बेड के पास ही तिपाई पर सैडेटिव का पत्ता पड़ा था। यह डैड की दवा थी। वह रोज़ सोने से पहले एक टिकिया लेते थे। लगता है आज माँ ने भी इसका सेवन किया है। अच्छा ही है, तनाव कुछ कम होगा। नेहा को विश्वास था कि अगर शीनी अच्छे मूड में लौटी तो माँ को दो मिनट में मना लेगी। दरअसल माँ की जान उसी में बसती थी। लाख चाहने पर भी वह उससे देर तक नाराज़ नहीं रह पाती थी। डैड की स्थिति भी माँ से बेहतर न थी।

"शीनी तो हमारी पहली भूख-प्यास की सन्तान है।" वह कहते और बात आयी-गयी हो जाती। मगर आज मामला संगीन था। नेहा इस बिन्दु को समझ रही थी।

माँ ने बाँह से मुँह ढाँप रखा था और वह बहुत धीमे और लयबद्ध खर्राटे भर रही थी। खर्राटे इतने धीमे थे कि ध्यान देने पर ही सुनाई पड़ते। शील खर्राटे ही नहीं भर रही थी, एक लम्बा सपना भी देख रही थी। इस सपने की सीडी वह कई बार देख चुकी थी। नया-नया वी.सी.डी. प्लेयर खरीदने वाले मध्यवर्गीय परिवारों की तरह उसके संग्रह में केवल वह सीडी थी जो प्लेयर के साथ मुफ्त मिलती है...वह माँ की गोद में सिर रखकर लेटी हुई है और माँ अत्यन्त प्यार से उसके बाल सहला रही है। (सच्चाई यह थी कि इस समय नेहा ही बहुत प्यार से माँ के बाल सहला रही थी।)यह दृश्य कुछ लम्बा खिंच गया क्योंकि नेहा को देर तक माँ पर लाड़ आता रहा। माँ उसे स्कूल भेजते समय उसके बालों पर प्यार से हाथ फेरती और फिर दोनों हाथों से चुनरी से उसका सिर ढँक देती–अच्छे बच्चे हमेशा सिर ढँककर रखते हैं। शील ने सिर पर चुनरी ओढ़े-ओढ़े ही प्रथम श्रेणी में हाईस्कूल की परीक्षा पास कर ली। सरदार प्यारा सिंह स्कूल के हेडमास्टर थे, उन्होंने पिता को समझाया, रुलियाराम तेरी बेटी बहुत ज़हीन है। स्कूल में अव्वल आयी है। इसकी पढ़ाई का कोई इन्तज़ाम करो। प्यारा सिंह के मशविरे पर अमल करते हुए रुलियाराम ने बिटिया को उसकी मौसी के पास जालन्धर भेज दिया।

शील ने घरवालों को निराश न किया और कॉलेज तक पहुँचते-पहुँचते वज़ीफा पाने लगी। अपने कॉलेज की वह सबसे शर्मीली लड़की थी। हरदयाल समाजशास्त्र के अध्यापक थे। एम.ए. का परिणाम घोषित हुआ तो उन्हें यकीन नहीं आया कि उनकी

कक्षा की सबसे शान्त और छुईमुई लड़की ने सबसे अधिक अंक पाये हैं। उन्होंने अनेक बार उससे बात करने की कोशिश की थी, मगर वह अपनी गर्दन को झटका देकर ही जवाब दे देती। हरदयाल ने यह भी लक्षित किया था कि वह अपनी सहेलियों के बीच खूब चहकती थी। उन्होंने तय किया कि आज तो वह उस लड़की की जुबान खुलवाकर ही रहेंगे। बाद में उन्होंने महसूस किया कि लड़की की कम उनकी अपनी जुबान ज्यादा खुल गयी थी। उन्होंने शील को बुलवा भेजा। वह आयी तो सिर से पैर तक अजीब तरह के आभिजात्य से ढँकी हुई, जैसे कोई ढँकी हुई थाली उनके सामने आ गयी हो। उसने सिर झुका रखा था और उस पर कुछ इस अन्दाज़ से कपड़ा ओढ़ रखा था कि चेहरा दिखाई नहीं पड़ रहा था।

"दो साल तक मुझसे पढ़ी हो, अब यकायक यह हया कैसी?" हरदयाल का मिज़ाज शायराना नहीं था मगर अचानक उन्होंने पाया, वह कह रहे थे, "जवां होने लगे जब वो तो हमसे कर लिया पर्दा।"

शील ने और भी सिर झुका लिया। धनुष थोड़ा और झुक गया।

"क्या मुँह में जुबान नहीं है?"

"है।" उसने सिर हिलाया, जैसे गर्दन में स्प्रिंग लगा हो।

प्रोफेसर खुद बहुत संकोची स्वभाव का था, न जाने किस झोंक में कह उठा, "मुझसे शादी करोगी?"

स्प्रिंगदार गर्दन फिर हिली। हाँ कहने के बाद देर तक 'न न' करती रही। प्रोफ़ेसर बोला, "शादी तय समझो। जाकर पिता से कहो, तुम्हारी शादी की तैयारी करें।"

अचानक उसने तनिक-सा सिर उठाया और बोली, 'यह कैसे हो सकता है, सर?'

हरदयाल ने उसके सुर्ख गाल थपथपा दिये, "ऐसे।"

शील ने मुँह में दुपट्टा खोंसा और साइकिल स्टैण्ड तक भागते हुए चली गयी। उसका तालू सूख गया था। वह दौड़ रही थी या उड़ रही थी। उसके जैसे पंख निकल आये थे। सपने में इस समय वह अनन्त व्योम में एक पक्षी की तरह विहार कर रही थी।

यह एक छोटी-सी सीडी है जो शील के सपनों में अक्सर चलती रहती है। हर आदमी का एक सपना होता है जो जीवन-पर्यन्त उसका पीछा करता है। शील का यही सपना था, जो कभी उसका पीछा करता था और कभी वह उसका पीछा करती थी।

शील की यह छोटी-सी, मुख्तिसर-सी प्रेम कहानी थी।

शादी के बाद, हनीमून के दौरान यकायक उसके जीवन में, उसके नहीं उन दोनों के जीवन में चमत्कारिक घटनाएँ होने लगीं। कल्पनातीत था वह समय। देह और मन का सारा विषाद और अवसाद स्फूर्ति और ऊर्जा में रूपान्तरित हो गया था। वे लोग शिमला में थे जब खबर लगी कि हरदयाल को कैनेडा में जॉब मिल गया है और तीन माह के भीतर ही उसे उड़ जाना होगा। वह होटल की लॉबी में खड़ा था जब उसे यह खबर मिली। हरदयाल ने शील को अपनी बाँहों में भींच लिया और उसकी गर्दन, ललाट और पलकों पर चुम्बनों की झड़ी लगा दी, ''तुम मेरे लिए कितनी भाग्यशाली सिद्ध हो रही हो।''

शील छिटककर अलग हो गयी थी, ''तुमने तो लोकलाज भी छोड़ दी। देख नहीं रहे, हम लोग लॉबी में खड़े हैं।''

हरदयाल उसे घसीटते हुए लिफ्ट की ओर भागा। वह बेकाबू हो रहा था, वह इसी समय अपना सम्पूर्ण प्यार शील पर उँड़ेल देना चाहता था। शील का विश्वास है, शीनी उसी रोज उसके पेट में आयी थी।

शील की चेतना में अचानक चेहरे बदलने लगे। क्या गज़ब हुआ कि हरदयाल कि जगह उसे किसी फिरंगी का क्रूर चेहरा नज़र आने लगा, जो उसकी बिटिया को लगभग घसीटते हुए एक गुफा में ले जा रहा था। भयाक्रांत शीनी मदद के लिए पुकार रही थी। शीनी आँखों से ओझल होती, इससे पहले ही शील ज़ोर से चिल्लाई–''बचाओ, बचाओ। मेरी बिटिया को बचाओ। कोई है?''

नेहा जो माँ को गहरी नींद में पाकर लिविंग रूम में चली आयी थी। माँ की आवाज़ सुनकर कमरे की तरफ लपकी। उसने देखा, उसकी माँ पसीने से लथपथ बिस्तर पर हाँफ रही थी।

''क्या हुआ मॉम?''

शील ने आँखें खोलीं और यह जानकर राहत की साँस ली कि वह यथार्थ नहीं था, एक दुःस्वप्न था। उसे अपने संसार में लौटने में देर न लगी। एक टीस की तरह उसे याद आया कि शीनी डेट पर गयी हुई है। वह पलँग पर उकड़ूँ बैठकर फिर बिसूरने लगी। नेहा भागकर पानी का गिलास ले आयी। ''अब क्या हुआ मॉम? शीनी डेट पर गयी है, हमेशा के लिए ससुराल नहीं चली गयी।''

''यह लड़की मेरी मौत बनकर पैदा हुई है।''

नेहा ने तुरन्त माँ के मुँह पर पानी का गिलास लगाकर उसकी जुबान बन्द कर दी।

''अब मैं नहीं बचूँगी। यह सब मुझसे बर्दाश्त न होगा।''

"माँ अपनी बिटिया पर भरोसा रखो। वह अपनी रक्षा करने में सक्षम है।"

"नेहा, तुम इन मर्दों को नहीं जानतीं। अभी तुम बच्ची हो, मेरी बिटिया। मैं अपनी कम्युनिटी के लोगों को क्या मुँह दिखाऊँगी?"

"माँ तुम पागल हो गयी हो। हम एक सभ्य समाज में रहते हैं।"

"मुझे नहीं चाहिए ऐसा सभ्य समाज। मुझे हिन्दुस्तान वापस भेज दो। यहाँ इस मुल्क में मेरा दम घुट जाएगा।"

"यहाँ हिन्दुस्तान से कहीं ज्यादा ऑक्सीजन है साँस लेने के लिए।" नेहा बोली, "याद है हरिद्वार की भीड़ में आपका दम घुटने लगा था।"

माँ दुबारा सिसकने लगी। नेहा को माँ का यह प्रलाप वाहियात लग रहा था, उसने गुस्से से कहा, "वह डेट पर गयी है, व्यभिचार करने नहीं।"

"हाय वह फिरंगी के साथ चली गयी। उसने हम सबका धर्म भ्रष्ट कर दिया।"

"माँ धर्म तो उसी दिन भ्रष्ट हो गया था, जब इस धरती पर कदम रखा था। याद है हम दोनों को एक क्रिस्तीन नर्स ने पैदा किया था।"

माँ की हिचकियाँ कुछ शान्त हुईं, मगर यह कहकर नेहा ने माँ का जख़्म फिर हरा कर दिया, "देश में भी हम बिरादरी बाहर हो चुके होंगे। याद करो तुम्हारी बहन रुक्मिणी ने लिखा था कि देश में बड़ी तेज़ अफवाह है कि हम सब लोग ईसाई हो गये हैं।"

नेहा ने जैसे जख्म पर नमक छिड़क दिया था। माँ ने ड्रॉअर से सैडेटिव की एक और गोली निकाली और निगल गयी। नेहा ने गोलियों का पत्ता अपनी जेब में रख लिया और कमरे से बाहर निकल आयी।

अपने कमरे में जाकर वह सीडी पर तेज आवाज में 'आई जस्ट कैंट स्टॉप लविंग यू' सुनते हुए बेतहाशा नाचने लगी। वह इस समय कुछ भी सोचना न चाहती थी, न माँ के बारे में, न बहन के बारे में। नाचते-नाचते वह थककर बिस्तर पर गिर पड़ी।

बाहर कोई कालबेल बजा रहा था।

नेहा को इतने वर्षों के बाद आज भी याद है कि कालबेल की आवाज़ सुनकर भी वह उसे अनसुनी कर अनमनी लेटी रही थी, जबकि उसे पलभर में ही पता चल गया था कि शीनी लौट आयी है। गुस्से में उसने कालबेल पर जो अँगूठा दबाया था, उसे दबा ही रहने दिया। यह हरकत शीनी के अलावा दूसरा कोई नहीं कर सकता था। शीनी को अब कालबेल की चिन्ता नहीं रह गयी थी। कालबेल चाहे जलकर राख हो जाए, दरवाजा फौरन खुलना चाहिए। आखिर नेहा ने यही किया। वह दौड़ती हुई गयी

और साँकल हटा दी।

"सो रही थी क्या? कब से घंटी बजा रही हूँ।"

शीनी अकेली नहीं थी, साथ में एक लड़का भी था। गोरा। शीनी ने लड़के से परिचय कराया, "माई फ्रेंड निक।"

नेहा ने हाथ बढ़ाया—"हाई! नेहा हेयर।"

निक मुस्कराया। लड़कियों की तरह उसके गालों में डिम्पल उभरे और विलीन हो गये। उसकी नीली आँखें किसी बिल्ली की आँखों की तरह चमक रही थीं। ठुड्डी पर बकरे की तरह कहीं-कहीं बाल दिखाई दे रहे थे। निक शीनी की बगल में ही खड़ा था। नेहा को यह देखकर निराशा हुई कि निक शीनी से कद में एक-डेढ़ इंच ही लम्बा था। नेहा कहा करती थी कि ऐसा ब्वाय फ्रेंड किस काम का जो कद-काठी में आठ-दस इंच भी बड़ा न हो।

"मॉम कहाँ हैं?" शीनी ने लिविंग रूम में निक को सोफे पर बैठने का इशारा किया।

"सो रही हैं," नेहा बोली, "हाउ वाज द डेट?"

"क्वायट बोरिंग।" जवाब निक ने दिया, "बस यही एक उपलब्धि रही कि शीनी को चाय पिलाने ले जा सका। उसने हाथ थामने की भी औपचारिकता नहीं निभायी।"

"मॉम तो इसी गम में सैडेटिव लेकर सो गयीं कि किसी अजनबी ने उसकी बिटिया का हाथ न थाम लिया हो।"

"व्हेयर इज योर ग्रेट मॉम?"

"बेडरूम में।"

"क्या मैं वहाँ जा सकता हूँ?"

"बिल्कुल नहीं।" शीनी गुर्रायी, "देखो, मेरे जाने से घर में कितनी अशान्ति फैल गयी।"

"अशान्ति दूर करने ही मैं तुम्हारे साथ आया हूँ।" निक उठा और जेब से कार की चाबी निकालकर बेडरूम के दरवाजे पर दस्तक देने लगा।

"यह तो हमारा बेडरूम है।" नेहा को हँसी का दौरा पड़ गया।

निक को दूसरे बेडरूम का दरवाजा खोजने में देर न लगी। नेहा हँस रही थी और वह दरवाजे पर धीरे-धीरे टिक टिक करता रहा। भीतर कोई स्पंदन न हुआ। टिक टिक की धीमी आवाज़ स्पष्ट सुनाई देने से आभास हो रहा था कि घर में कितना सन्नाटा है। सन्नाटा था, मगर सूनापन नहीं था। कैनेडा के अधिसंख्य घरों में प्राय निर्जन सड़कों का सन्नाटा घर के भीतर घुस आता है, धूल की तरह। नामालूम तरीके

से।

"तुम बैठो निक, मैं मॉम को बुला लाती हूँ।" नेहा बोली।

निक को राहत महसूस हुई, वरना वह ऊब और विरक्ति से घिरता जा रहा था।

"तुम्हारी क्या खिदमत की जाए?" शीनी ने निक से पूछा।

"जस्ट होल्ड माई हैंड। न्यूनतम यही माँग सकता हूँ।"

"नथिंग डूईंग।" शीनी ने कहा, "लगता है तुम्हारी खैरियत इसी में है कि तुम चुपचाप घर लौट जाओ।"

"आज तो मैं फैसला करके ही लौटूँगा।"

"काहे का फैसला?"

"अपने और तुम्हारे भविष्य का।"

"लगता है तुम्हारे ग्रह गर्दिश में हैं। मैं तुम्हें पहले ही आगाह कर चुकी हूँ कि अपने मॉम या डैड के किसी प्रकार के भी व्यवहार के लिए जवाबदेह नहीं हूँगी। अंडरस्टैण्ड।"

भीतर कमरे से नेहा और मॉम की फुसफुसाहट कमरे से बाहर रेंग रही थी। शीनी की जान में जान आयी कि निक के आने की बात सुनकर माँ ने विलाप नहीं शुरू कर दिया। माँ सक्षम थी कि अचानक पंजाबी शैली में विलाप शुरू कर देती। उस समय उनका विवेक भी साथ छोड़ जाता है। घर में इसे 'सीन क्रिएट करना' कहा जाता था। शीनी को यह एक अच्छा लक्षण लगा। वह तो मानसिक रूप से अपने को इसके लिए तैयार करके लौटी थी कि उसको देखते ही घर में कोहराम मच जाएगा। उसे लगा, नेहा बहुत सकारात्मक भूमिका निभा रही है। इस अवसर का लाभ उठाते हुए शीनी भी कमरे में घुस गयी।

"मॉम मैं आ गयी। सही-सलामत। पाक-साफ।" शीनी ने माँ के बालों में उँगलियाँ चलाते हुए कहा, "मुझ पर भरोसा रखो, मॉम। देखो, बाहर मेरा दोस्त आया है। वह क्या राय बनाएगा हम लोगों के बारे में। चलो उठो, वह तुम्हारे हाथ के 'चीज़' पकौड़े खाना चाहता है। उठो, उठो, मेरी बहुत अच्छी माँ।"

शील ने आँखें खोलीं। अपने ऊपर झुका बेटी का मासूम, निष्पाप चेहरा देखा। एक उपालम्भ भरी नज़र से उसे देखा और गले लगा लिया। माँ की दृष्टि में लाड़, शिकायत, ममत्व, असहजता, रूठने आदि का ऐसा मिलाजुला भाव था कि शीनी को भी रुलाई आ गयी। नेहा दोनों को अकेला छोड़कर चुपचाप बाहर निकल आयी कि निक को उसके हाल पर नहीं छोड़ देना चाहिए। वह अपने को अटपटी स्थिति में पा रहा होगा कि दोनों बहनें उसे छोड़कर कहाँ गायब हो गयीं।

निक कमरे में नहीं था। नेहा ने सब जगह देख लिया। दीदी के बेडरूम में देख आयी, रसोई में भी झाँक लिया, बाथरूम भी खाली थे। ऐसे मनहूस और गैरदोस्ताना माहौल में कौन बैठना पसन्द करेगा? वह माँ और बहन दोनों को कोसते हुए सोफे पर धँस गयी और टी.वी. खोल लिया। वह देर तक चैनल बदलती रही। उसने कुछ ही देर में साठ-सत्तर चैनलों का सफर तय कर लिया। कोई भी चैनल उसे बाँध नहीं पाया। उसने टी.वी. बन्द कर दिया और इन्तज़ार करने लगी कि कमरे से कोई बाहर आये। कमरे से न माँ नमूदार हुई न बहन। उसकी भी भीतर जाने की इच्छा न हुई। वह दरवाजा खोल बाहर निकल गयी। उसकी कुछ देर टहलने की इच्छा हो रही थी। उसने देखा बाहर लॉन में कोई सूखे पत्ते बुहार रहा था। वह कोई दूसरा नहीं, निक था। उसने लॉन के बीचोबीच सूखे पत्तों का एक पिरामिड-सा निर्मित कर लिया था और अब उसकी होली जलाने की तैयारी कर रहा था।

''निक तुम यहाँ हो। मैं तुम्हें पूरे घर में ढूँढ़ आयी हूँ।''

''तुम लोगों का लॉन कितना निगलेक्टिड है। मैं हफ्ते में एक बार रेकिंग और मोइंग कर दिया करूँगा। डैडी से पूछना, इस काम के लिए कितना मेहनताना देंगे।''

''मेरे डैड की गार्डनिंग में कोई दिलचस्पी नहीं है।''

''मॉम की?''

''वह उनकी सहधर्मिणी हैं।'' नेहा ने पूछा, ''यह अचानक तुम्हें लॉन की सफाई की क्या सूझी।''

''मैं खाली नहीं बैठ सकता। यह मेरी कमजोरी है।''

''हमारा लॉन कभी इतना साफ-सुथरा नहीं था निक।'' नेहा ने कहा, ''थैंक्यू सो मच।''

''तुम्हारी बहन को तो थैंक्यू कहने में भी तकलीफ होती है।''

''क्यों निक, पहली फुर्सत में ही मेरी बुराई करने लगे।'' शीनी ने बाहर आकर अपना नाम सुना तो बोली, ''वाऊ! निक, तुम तो बहुत अच्छे माली हो। थक गये होगे, भीतर चलो तुम्हें गर्मागर्म चाय पिलायें।''

निक ने काम में जुटने से पहले अपनी जीन्स के पाँयचे मोड़ लिये थे, आस्तीनें चढ़ा ली थीं। उसने पत्तों में आग लगा दी तो आग के प्रकाश में उसका चेहरा दिप-दिप करने लगा। बाहर ठंडी बर्फीली हवा चल रही थी। दोनों बहनें सीने से बाँहें चिपकाये खड़ी थीं। सूखे पत्ते चटचटाते हुए जल रहे थे। तीनों को यह तपिश बहुत सुखद और आरामदेह लग रही थी। निक ऐसे मुस्तैद खड़ा था जैसे फायर बिग्रेड का कोई कर्मचारी हो। पत्ते बहुत तेज़ी से जलकर राख हो गये।

''निक तुम तो इस मुद्रा में खड़े हो जैसे कोई किला फतेह करने निकले हो।''

शीनी बोली।

"निकला तो इसी इरादे से था, मगर तुम परिणति देख ही रही हो।" वह हँसा। उसके आगे के दाँतों के बीच थोड़ी खाइयाँ थीं।

"चलो भीतर चलो। तुम्हें अपनी माँ से मिलवा दूँ।"

"मुझे घुसपैठिया तो न समझ लेंगी?"

"वह तो तुम हो ही।" शीनी ने कहा।

निक दोनों बहनों के साथ भीतर पहुँचा तो उसने देखा सोफे पर सिर टिकाये कोई महिला बैठी थी। उसके बालों की चोटी सोफे के पीछे झूल रही थी। काले स्याह बाल उसे हमेशा आकर्षित करते थे। निक ने देखा शीनी के बाल थोड़े भूरे और थोड़े काले थे। उसकी तेज इच्छा हुई कि शीनी के बालों को चूम ले, मगर वह जानता था कि यह एक अव्यावहारिक और बेमौके का भाव था।

इन लोगों की आवाज़ सुनकर भी सोफे पर टिका सिर उसी प्रकार स्थिर बना रहा। शीनी ने माँ के सामने जाकर कहा, "मॉम, देखो। कौन आया है?"

माँ उसी तरह तनी हुई बैठी रही। निक ने आगे बढ़कर उसका चरण स्पर्श किया। उसने अनेक हिन्दुस्तानियों को बड़े-बूढ़ों के चरण स्पर्श करते देखा था। वह माँ के कदमों के पास ही आलथी-पालथी मारकर बैठ गया। माँ के चेहरे का तनाव कुछ कम हुआ। उसने धीरे से कहा, "जीते रहो।"

नेहा ने एक कुशल दुभाषिये की शैली में निक को बताया कि माँ कह रही हैं कि जीना चाहो तो जीते रहो।

"डोण्ट मिसइंटरप्रेट नेहा।" शीनी ने कहा, "निक, माँ तुम्हारी लम्बी उम्र के लिए दुआ कर रही हैं।"

"माँ, बाहर जाकर देखें, निक ने लॉन की कितनी सफाई कर दी है। जब तक आप सो रही थीं, इसने महीनों से स्थगित रेकिंग और मोईंग कर दी है।"

"इसने नाहक ही इतनी मेहनत की, कुछ दिनों में फिर झाड़-झंखाड़ उग आएँगे।" माँ ने कहा।

"रेकिंग और मोईंग के लिए माँ आभार प्रकट कर रही हैं।" शीनी ने हँसते हुए बताया और अपनी तरफ से यह जोड़ दिया कि माँ की इच्छा है कि हर सप्ताह आकर यह काम कर दिया करो। वह डैड से बात करके तुम्हारा पारिश्रमिक तय कर देंगी।

इस बात पर दोनों बहनों ने ठहाका लगाया।

"क्या हिड़-हिड़ लगा रखी है?" शील को बिटिया की निक से इतनी निकटता अच्छी न लग रही थी। वह अनेक बार उसे समझा चुकी थी कि उसे लड़कों से एक दूरी बनाकर रखनी चाहिए। शील को शीनी की यह बात निहायत नागवार गुजरती कि

वह लड़कों के बीच लड़कों की तरह पेश आती थी।

'हिड़-हिड़' का अर्थ दोनों बहनें समझती थीं। बेशर्मी से हँसना।

"माँ निक तुम्हारे हाथ के बने चीज़ पकौड़े खाना चाहता है। मेरे टिफिन से कई बार चुरा कर खा चुका है। वह पकौड़े बनाने की विधि भी सीखना चाहता है।" शीनी ने कहा।

पकौड़े का जिक्र सुनकर निक उत्साहित हो गया, "यस, पकोरा, पकोरा।"

शील ने पहली बार नज़र उठाकर निक की तरफ देखा। उसे लड़का खूबसूरत और तेजस्वी लगा। आँखों में एक खास तरह की निश्छलता भी थी। उसके पूरे व्यक्तित्व में नाममात्र की भी उद्दंडता न थी, जो इस उम्र के लड़कों में अक्सर दिखायी देती है। काश, यह एक हिन्दुस्तानी लड़का होता। उसने मन ही मन निक का नया नामकरण भी कर डाला—निक्का।

शील उठी और रसोई में जाकर बेसन घोलने लगी। निक भी जूते उतारकर पीछे-पीछे रसोई में घुस गया। शीनी ने सरसों के तेल की कड़ाही आँच पर चढ़ा दी। नेहा घर में बनाये गये पनीर के एक-एक इंच के टुकड़े काटने लगी। वह आँखों देखा हाल भी बताती जा रही थी। निक ने जेब से छोटी-सी नोटबुक निकाल ली थी और व्यंजन विधि लिखने लगा। शील ने बड़ी सफाई से पनीर के टुकड़ों को बेसन में भिगोकर कड़ाही में छोड़ दिया। तेल में तैरते पकौड़े चट-चट करने लगे। पकौड़े अच्छी तरह से तल गये तो शीनी ने बड़े से झन्ने से पकौड़े समेट लिये और कड़ाही में तेल निथारने लगी।

"बेसन की जितनी महीन पर्त रहेगी, पनीर पकौड़े उतने ही कुरकुरे और स्वादिष्ट बनेंगे।" शील ने शीनी को बताया। वह चाहती थी, निक यह गुर भी अपनी नोटबुक में दर्ज कर ले।

पकौड़े तैयार हो गये तो शील एप्रिन उतारकर उसी सोफे पर उसी जगह बैठ गयी।

"लगता है यह मॉम की पसन्दीदा जगह है।" निक ने कहा।

"वह नाराज़ होती हैं तो यहाँ बैठती हैं।"

"क्या वह नाराज़ हैं?"

"नहीं, नहीं बेहद खुश हैं। तुम देख नहीं रहे?" शीनी बोली।

"इनको कैसे प्रसन्न किया जा सकता है?"

"यह तो मेरे डैड भी नहीं जानते।"

नेहा एक ट्रे में पकौड़े, प्लेटें और टोमेटो कैचप की बोतल उठा लायी। मेज पर ट्रे रखते हुए उसने कहा, "निक, यह कैचप मॉम ने खुद तैयार की है।"

निक ने टांग्स से कुछ पकौड़े उठाकर एक प्लेट में रखे और बहुत-सी कैचप उँड़ेल ली। वह कैचप से पकौड़े छुआकर खाने लगा। कैचप उसे बहुत ताज़ा लगी, टोमेटो प्यूरी की तरह। कुछ देर बाद वह पकौड़े छोड़कर अँगुली से कैचप चाटने लगा, "यह तो लाजवाब है।"

"मॉम देखो निक तुम्हारी बनायी कैचप कैसे चाट रहा है।"

मॉम ने उसकी तरफ देखा तो मुस्करा दी। अचानक उसे निक पर बहुत लाड़ आया, मगर उसने अपनी भावनाएँ प्रकट न होने दीं। उसकी हमेशा से यह धारणा रही है कि अजनबियों को ज्यादा मुँह नहीं लगाना चाहिए।

"निक जान लगे तो उसे कैचप की एक बोतल दे देना।" शील ने कुछ रुककर कहा, "रेकिंग और मोईंग का कुछ मेहनताना तो उसे मिलना ही चाहिए।"

नेहा ने निक को मॉम की बात का पूर्वार्द्ध ही बताया। निक बच्चों की तरह शील से चिपट गया, "माई स्वीट मॉम।" उसने भावतिरेक में शील का बोसा भी ले लिया।

शील को गाल पर अजीब तरह की सिहरन और चिपचिपाहट महसूस होने लगी। जैसे कोई परिन्दा अपने परों से उसके गाल छू गया हो। शील के पास आशीर्वाद देने के अलावा कोई विकल्प नहीं था। उसने निक के सिर पर हाथ फेरते हुए आशीष दी। यह सोचकर शील अस्त-व्यस्त होने लगी कि अगर निक को थोड़ी-सी बात पर खुश होकर लिपटने और चूमाचाटी करने की आदत है तो अब तक सैकड़ों बार शीनी का चुम्बन ले चुका होगा। यह सोचकर ही वह पुनः तनावग्रस्त हो गयी और तनकर बैठ गयी।

"अंग्रेजों की यह छूने छुआने और चूमाचाटी करने की बहुत बुरी आदत है।" शील बुदबुदायी, "इन्हें ज़रा भी तमीज़ नहीं है कि औरतों के साथ कैसा व्यवहार करना चाहिए।"

शील का पारा चढ़ता चला गया। लड़कियाँ भी समझ रही थीं कि माँ क्यों अचानक व्यग्र हो गयी हैं। माँ को यह समझाना बहुत कठिन था कि यहाँ शिष्टाचारवश भी चुम्बन लिया जाता है और एक-दूसरे को छूकर बात करना एक सामान्य-सी बात है, आत्मीयता प्रदर्शित करने का सबसे सरल उपाय। इस मामले में हिन्दुस्तानी बहुत अर्थ खोजता है। इस दृष्टि से तो वह फ्रायड का बाप है। हो सकता है माँ उतनी पिछड़ी मानसिकता की न हों, जितना वे समझ रही हैं। हो सकता है इतने वर्ष इस मुल्क में रहते-रहते और टी.वी. देखते-देखते चीजों को समझने लगी हों और समझकर भी न समझना चाहती हों। यहाँ चैनल बदलते-बदलते भी चुम्बन और लिपटने-लिपटाने के दृश्य दिख ही जाते हैं। कई बार तो सार्वजनिक स्थानों पर दुनिया जहान से बेखबर

तन्मयता से एक-दूसरे से लिपटे और एक-दूसरे के होंठ चूसते युगल दिख जाते हैं। लोग उनकी तरफ ज्यादा तवज्जो भी नहीं देते, मुस्कराकर पास से गुजर जाते हैं।

"टी. वी. देखकर तो लगता है, यहाँ के लोगों को इसके अलावा कोई काम ही नहीं है।" बच्चों की उपस्थिति में शील पाँच-सात मिनट भी टी.वी. न देख पाती। रिमोट पटककर उठ जाती। कई बार तो वह आश्चर्य प्रकट करती कि ये लोग खेलते-कूदते इतनी तरक्की कर गये और बच्चे भी ज्यादा पैदा नहीं हुए और दूसरी तरफ हिन्दुस्तानी हैं, इतने संयम और अनुशासन में रहने के बावजूद इतना वैभव न बटोर पाये, बच्चों की कतारें अलग लग गयीं।

शीनी कहना चाहती कि माँ इसका यही अर्थ निकलता है कि जहाँ खुलापन है, सैक्स है, मौज-मस्ती है, वहीं दौलत है। जहाँ संयम है, वहाँ गरीबी है, जनसंख्या का विस्फोट है। वह प्रकट रूप से कहती, "माँ, यह इसलिए है कि हम लोगों में दुमुँहापन है। हम लोग पन्नालाल हैं।"

पन्नालाल डैड के एक दोस्त का नाम था। उसने छल-कपट और धोखेबाजी से उनका बहुत-सा धन मार लिया था। तब से इस घर में हर दुमुँहा और कपटी शख्स इसी नाम से पुकारा जाता था।

"अगली बार मैं आऊँगा तो अपने हाथ से आप सबको पकोरा बनाकर खिलाऊँगा। कुकिंग मेरी हॉबी है।" निक ने घोषणा की।

"मेरी मानो, एम्ब्रायडरी भी सीख लो।" शीनी ने कहा, "जिन लोगों को शादी में विलम्ब होने लगता है वे समय काटने के लिए ऐसे शौक पाल लेते हैं।"

माँ के अलावा सब लोगों ने ठहाका लगाया। निक ने विदा लेते समय एक बार फिर शील के पाँव छुए और हाथ हिलाता हुआ बाहर निकल गया। शीनी ने दरवाजे तक जाकर विदा दी और निक की गाड़ी स्टार्ट होते ही भीतर लौट आयी। माँ के सवालों से बचने के लिए वह सीधी अपने कमरे में घुस गयी।

शील भी सोफे से उठी और रसोई की तरफ चल दी। वह कुर्सी पर बैठकर आलू छीलने लगी।

चौबीस घंटे बीतने पर भी प्रभु ने ई-मेल का उत्तर नहीं भिजवाया तो हरदयाल की बेचैनी बढ़ने लगी। वह चाहता था कि नेहा की उपस्थिति में जवाब आ जाए ताकि सलाह मश्वरा करके आगे की रणनीति तैयार की जाए। आखिर उसने प्रभु को फोन मिलाया।

"भराजी नमस्ते।" प्रभु ने लाइन पर आते ही बताना शुरू किया, "अभी शाम को प्रपन्नाचार्य जी से भेंट हो पायी। शीनी की जन्म-पत्रिका उन्होंने बाँच ली है आप चिन्ता न करें, सब ठीक हो जाएगा।"

"सही सही बात बता, उन्होंने क्या कहा।"

"सही बता रहा हूँ भराजी। आप घबरायें नहीं।" प्रभु ने बताना शुरू किया, "कितनी भी खराब ग्रह दशा क्यों न हो, उसे शान्त करने के उपाय भी शास्त्रों में मौजूद हैं।"

"उपाय शुपाय बाद में बताना। पहले यह बताओ कि पत्री क्या बोलती है?"

"भराजी, पत्री में तो और सब ठीक है, मगर दाम्पत्य सम्बन्धों पर कुछ क्रूर ग्रहों की दृष्टि है। आचार्य जी ने बताया कि सप्तम स्थान पर शनि और मंगल की पूर्ण दृष्टि पड़ रही है। शुक्र सप्तम स्थान पर स्वगृही है, राजयोग कारक है। उच्च का शनि भी राजयोग बनाता है। शनि की महादशा में शुक्र का अन्तर और मंगल का प्रत्यंतर चल रहा है। शनि और शुक्र दोनों बली हैं। दोनों में एक निर्बल होता तो यह संकट उत्पन्न न होता। शनि शुक्र की दशा अंतर्दशा में राजा भी रंक हो जाता है। यह समय निकल जाए तो आगे कोई खतरा नहीं।"

"और कब तक रहेगा यह खतरा?"

"जब तक शनि में शुक्र चल रहा है।"

"कब तक चलेगी यह अंतर्दशा?"

"दो महीने पहले ही तो शुरू हुई है। तीन साल तक चलेगी। आप परेशान न हों। आचार्यजी ने कुछ उपाय बताये हैं।"

"जैसे?"

"कुछ धार्मिक उपचार हैं।"

"जैसे?"

"शिवजी की आराधना तथा प्रदोष व्रत और शीनी को नीलम धारण करायें।"

"यह सब कुछ नहीं करना उसने।" हरदयाल ने पूछा, "कोई ऐसा उपाय नहीं बताया जो हम कर सकें।"

"जब तक मंगल का प्रत्यंतर है आप मंगल के मंगल काली गाय को गुड़ की रोटी खिलायें। काले कौवों को काले तिल का चुग्गा खिलायें। पीपल को जल चढ़ाने से भी शनि देवता शान्त होते हैं।"

"तू तो पागलां वाली गलां कर रेयां एं। ऐ, ऐत्थे कित्थे मिलेगा पीपल दा पेड़, अलबत्ता काली गाय जरूर मिल सकती है।"

"भरा जी बन्दर मिल जाएगा।"

"क्यों?"

"बन्दर को गुड़-चना खिला सकते हैं। भाभी से कहें, सुंदर कांड का पाठ रखवा दें। अब तो कैसेट भी मिलने लगे हैं, कहें तो भिजवा दूँ।"

"सुंदर कांड के कैसेट तो यहाँ घर-घर में हैं। तुम्हारी भाभी हर मंगल को सुंदर कांड सुनती है, व्रत करती है। फिर गलती कहाँ हो गयी?"

"सब कर्मों का फेर है भराजी।" प्रभु ने कहा, "जो हो, मुझे खबर करते रहना।"

"अच्छा भाई।" कहकर हरदयाल ने रिसीवर रख दिया।

हरदयाल ने शील और नेहा, प्रभुदयाल से हुई बातचीत का खुलासा किया। नेहा ने बताया कि सेण्ट पाल से आते समय रास्ते में उसने एक विशाल डेरी फार्म देखा था। वहाँ काली गाय जरूर मिल जाएगी। हर मंगल को आप वहाँ जा सकते हैं। काले कौवे तो कभी दिखायी नहीं पड़े।

"इस देश में बर्फ के अलावा और है क्या? यहाँ इंसान ही मुश्किल से दिखायी देते हैं, कौवों की कौन कहे।"

"वैंकूवर में मैंने कुछ कौवे देखे थे।" हरदयाल ने बताया।

"वहाँ तो मैंने बन्दर भी देखे थे।" शील बोली।

"हो सकता है हिन्दुस्तानियों ने पाल लिये हों।" नेहा ने कहा, "पापा सुनते हैं हिन्दुस्तान में लोग भैंस का दूध पीते हैं। यहाँ तो मैंने भैंस ही नहीं देखी।"

"हमारी संस्कृति में सब जीवों के बीच भाईचारे की परिकल्पना की गयी है। गाय, बन्दर और कौए आदि पशु-पक्षी परिवार के सदस्यों की तरह सम्मान पाते हैं।"

'ज्योतिष में आपकी आस्था है?" नेहा ने पूछा।

"क्यों नहीं। तुम नहीं जानतीं कि प्रपन्नाचार्यजी अमरीका में फिज़िक्स के प्रोफेसर थे। ज्योतिष का अध्ययन शुरू किया तो इतने प्रभावित हुए कि सब छोड़छाड़

कर भारत में जा बसे। भारत में भी फिज़िक्स के कई प्रोफेसर भारतीय संस्कृति में गहरी दिलचस्पी दिखा रहे हैं। मेरे नाना की ज्योतिष में गहरी दिलचस्पी थी। मेरे पैदा होते ही उन्होंने भविष्यवाणी की थी कि मैं विदेश में जा बसूँगा।''

''तुम जिसे विदेश में जा बसना कहते हो, मैं उसे देश निकाला मानती हूँ।'' शील ने कहा।

''आपका मन रखने के लिए आपके साथ चल रही हूँ वर्ना मैं यह मानने को कतई तैयार नहीं हूँ कि बन्दर और कौए शीनी का दाम्पत्य बचा लेंगे।'' नेहा की राय थी।

''तुम अभी बच्ची हो, नासमझ हो। मैंने जीवन में ऐसे-ऐसे चमत्कार देखे हैं कि इन चीजों पर विश्वास करने लगा हूँ।'' हरदयाल ने कहा, ''कल मंगल है, तुम अब कल ही जाना। हम लोगों को डेरी फार्म पर छोड़ देना। मुझे विश्वास है वहाँ काली गैया जरूर मिल जाएगी।''

डेरी फार्म कई एकड़ में फैला हुआ था। चारों ओर ऊँची-ऊँची बाड़ लगी हुई थी। गेट पर सुरक्षा गार्ड तैनात था। एक चिट पर सबका नाम-पता लिखकर भीतर भिजवाया गया। शील ने सुबह उठकर ही गुड़ की रोटियाँ बना ली थीं। उसने रोटियों वाला झोला कुछ इस अन्दाज में पकड़ रखा था जैसे उसमें कोई बहुमूल्य सामान हो।

डेरी फार्म का प्रबन्धक कृषि शास्त्री और पशु चिकित्सक था। इससे पूर्व वह एग्रीकल्चरल इंस्टीट्यूट का प्रिंसिपल रहा था। उसके मातहत उससे पूर्व बहुत परेशान रहते थे। इंस्टीट्यूट के कर्मचारियों ने हड़ताल कर दी तो प्रशासन ने उसे गोशाला का प्रबन्धक बनाकर इस डेरी फार्म में भेज दिया था। उसके यहाँ डेरी उद्योग पर रिसर्च करने वाले स्कॉलर आते रहते थे। यह सोचकर कि नेहा भी जरूर रिसर्च स्कॉलर होगी, उसने पूछा, ''आपका विषय क्या है?''

''हम आपके यहाँ एक विशेष प्रयोजन से आये हैं।'' हरदयाल ने उसकी बात का जवाब दिया, ''दरअसल हम आपका डेरी फार्म देखना चाहते हैं।''

''आप शायद गलत जगह आ गये हैं। यहाँ तो सिर्फ मवेशी हैं और दूध कलेक्ट होता है। हमारा प्रोसेसिंग यूनिट यहाँ से पन्द्रह किलोमीटर पश्चिम में है।''

''हम दरअसल गोशाला देखना चाहते हैं।''

''आप 'फ्रेण्ड्स आव एनीमल्स' संस्था से आये हैं।''

''नहीं, हमने सुना है कि आपके यहाँ बहुत अच्छी-अच्छी जर्सी गाय हैं। हम उन्हें देखना चाहते हैं।''

''नार्मली हम अजनबियों को भीतर जाने की इजाज़त नहीं देते।''

"हमारे देश में गाय को माता का दर्जा दिया जाता है। आप यों समझ लें कि हम माँ का दर्शन करने आये हैं।"

"मैं आपकी भावनाओं की कद्र करता हूँ, मगर आज यह सम्भव न होगा। आज मवेशियों को वैक्सीनेशन दिया जा रहा है। आप कल इसी समय आ जाएँ।"

"कल तो बुधवार है।"

"बुध को डेरी छुट्टी रहती है।"

वे लोग एक-दूसरे का चेहरा ताकने लगे। इस बेवकूफ को कैसे समझाया जाए कि हम लोगों के लिए आज के दिन काली गैया को गुड़ की रोटी खिलाना कितना जरूरी है।

"हम लोग बहुत दूर से आये हैं। जब तक वैक्सीनेशन का काम चलता है हम इन्तज़ार कर लेंगे।" हरदयाल बोला।

प्रबन्धक ने कन्धे उचका दिये यानी कि अगर आपके पास इफरात समय है तो उसे क्या एतराज़ हो सकता है। वह हरदयाल से पूछकर हरदयाल एंड पार्टी का नाम पता कम्प्यूटर में दर्ज करने लगा।

कोई पौने घंटे बाद वैटरनिटी डॉक्टर अपना बक्सा उठाये दफ्तर में दाखिल हुआ। उसने वहीं बैठकर अपनी रिपोर्ट लिखी और प्रबन्धक को सौंपकर चलता बना। प्रबन्धक खड़ा हो गया और तीनों को भीतर चलने का इशारा किया। हरदयाल के हाथ तुरन्त रोटियों वाले झोले पर चले गये। प्रबन्धक ने कहा, "इसे यहीं रहने दें, यहाँ सुरक्षित रहेगा।"

हरदयाल तुरन्त कोई जवाब न दे पाया कि उसका झोला ले जाना कितना आवश्यक है। तीनों ने नज़रों ही नज़रों में इस विडम्बनापूर्ण स्थिति पर खेद प्रकट किया। शील से न रहा गया, वह बोली, "हम गैया को खिलाने के लिए मीठी रोटियाँ लाये हैं।"

"यह सम्भव नहीं।" प्रबन्धक बोला, "हम मवेशियों को आगन्तुकों द्वारा लायी गयी भोजन सामग्री खाने को नहीं देते। यह यहाँ का नियम है।"

"हम इस देश के जिम्मेदार नागरिक हैं, आप हम पर भरोसा रखें।"

"हमारे डैड ऑफिस में लैब है। आप वहाँ से परीक्षण करा लायें। मैं इजाज़त दे दूँगा।"

"इसका मतलब आज कुछ नहीं हो सकता?"

"आज आप गोशाला देख लें।"

"ठीक है। यही सही।" हरदयाल निराश होकर बोला।

वे लोग सुस्त कदमों से गोशाला की तरफ बढ़े।

"कितनी सुन्दर गोशाला है।" शील साफ-सफाई देखकर अत्यन्त प्रभावित हुई।

"ये गायें भी गोबर करती होंगी।"

"लगता है टायलेट में जाकर गोबर करती हैं।" नेहा बोली।

सब लोगों ने ठहाका लगाया। हरदयाल ने प्रबन्धक से पूछा, "गोबर का क्या करते हैं?"

"गोबर गैस प्लांट है। सारे कस्बे को कुकिंग गैस हमीं सप्लाई करते हैं।"

उन लोगों ने देखा, भीतर सैकड़ों गाय थीं। हृष्ट-पुष्ट। नहायी धोयी, स्वस्थ प्रसन्न। तीनों की नजरें काली गाय खोज रही थीं।

"काली गाय दिख जाए तो अगले मंगल को रोटियों का परीक्षण कराके आयेंगे।"

"मगर काली गाय ही तो नहीं है।" शील बोली, "ज्यादातर भूरी गायें हैं। इस देश में तो लगता है गाय भी काली नहीं होती।"

एक गाय गहरे भूरे रंग की थी, सबकी नज़रें उस पर स्थिर हो गयीं, मगर खींचतान करके भी उसे काली गाय नहीं कहा जा सकता था।

"आपके यहाँ काले रंग की कोई गाय नहीं?" हरदयाल ने पूछा।

"आपके देश में सफेद शेरों की संख्या कम हो रही है, हमारे यहाँ काली गायों की। कुछ वर्ष पहले हमारे यहाँ एक गाय थी, जिसके बदन पर बड़े-बड़े काले धब्बे थे। माथा सफेद था। मगर उस चितकबरी गाय ने हमेशा भूरे बछड़े दिये।"

"काली गाय कहाँ मिलेगी?"

"पाँच बरस पहले मैं कोल्ड लेक में था तो वहाँ एक काली गाय थी। जेट ब्लैक। मगर आप काली गाय क्यों ढूँढ़ रहे हैं?"

"यह तुम्हारी समझ में न आएगा।" हिन्दी में कहकर हरदयाल मुस्कुराया और अंग्रेजी में बोला, "एक आयुर्वेदिक औषधि में काली गाय का मूत्र पड़ता है। काली गाय के मूत्र का सेवन करने से त्वचा रोग भी नहीं होते।"

"ब्राउन गाय का मूत्र नहीं चलेगा?"

"नहीं।" हरदयाल ने कहा।

"आप अपना टेलीफोन नम्बर छोड़ दें। अगर हमारी किसी गोशाला में काली गाय हुई तो मैं आपको सूचित कर दूँगा।"

हरदयाल ने अपना विजिटिंग कार्ड उसे दे दिया। प्रबन्धक ने उस पर 'ब्लैक काउ' लिखा और रख लिया।

वे लोग बाहर आ गये। नेहा ने सुझाव दिया कि घर लौटने से कहीं अच्छा है कि वे दो एक दिन उसके पास सेण्ट पाल में रहें। यह भी हो सकता है, वहाँ किसी डेरी फार्म में काली गाय मिल जाए। हरदयाल और शील घर लौटना भी न चाहते थे। शील को तो लग रहा था, घर लौटते ही उसकी हृदय गति रुक जाएगी। वह बोली, ''हमारे खानदान की सात पुश्तों में किसी का तलाक न हुआ था।''

नेहा ने कार का दरवाजा खोलते हुए कहा, ''डैड, क्या आपका खानदान भी मॉम के खानदान की तरह पिछड़ा हुआ था?''

''बेटी, यह मजाक की बात नहीं है। तुम नहीं समझ सकतीं हम लोग कितनी पीड़ा पा रहे हैं।''

''आप नाहक ही इतनी पीड़ा पा रहे हैं।'' नेहा ने कार स्टार्ट की, ''अव्वल तो शीनी कोई गैरकानूनी काम नहीं करने जा रही है। अगर उसे लगता है कि उसकी बेमेल शादी हो गयी थी तो उसे भूल सुधार का पूरा हक है।''

''तुम तो जानती हो, हम उस शादी के पक्ष में नहीं थे। यह उसकी अपनी च्वायस थी।'' हरदयाल ने आन्दोलित होते हुए कहा।

''इससे क्या फर्क पड़ता है। हो सकता है, आपकी पसन्द का लड़का उसे बिल्कुल रास न आता। आप यह मानकर सन्तोष क्यों नहीं कर लेते कि उससे एक बड़ी गलती हो गयी थी, वह उसे सुधारना चाहती है।''

''बेटी तू जले पर नमक क्यों छिड़क रही है। क्या शादी के पचीस बरस बाद उसे पता चला कि उसकी शादी बेमेल थी। टीन एजर बच्चों पर इसका क्या असर पड़ेगा।''

''हो सकता है अब तक वह यह सोचकर समझौता करती रही हो कि बच्चे छोटे हैं। उनकी परवरिश की समस्या आ सकती थी। अब बच्चे समझदार हो चुके हैं, वह कोई कठोर कदम उठा सकती है।''

''तुमसे उसकी कोई बात हुई थी?''

''नहीं, मेरी आवाज़ सुनते ही वह फोन काट देती है।''

''रोको, रोको, गाड़ी रोको।'' अचानक हरदयाल चिल्लाया।

''क्या हुआ?'' शील ने गर्दन घुमाकर पीछे की सीट की तरफ देखा।

''अभी झील के पास काला कौवा दिखा था।''

''सच?'' शील ने ऐसे कहा, जैसे मुँहमाँगी मुराद मिल गयी हो।

नेहा ने बैक गियर लगाया और गाड़ी पीछे लौटने लगी।

एक छोटी-सी झील पर कुछ पक्षी उड़ रहे थे।

''वह देखो झील की सतह पर कौवे उड़ रहे हैं।'' हरदयाल ने बाँह से लक्ष्य

साधकर बताया, "शील गुड़ की रोटियाँ इन कौवों को खिला दो।"

"डैड, ये तो पनकौए हैं। ये कौए की तरह काले जरूर हैं, मगर बत्तख की तरह पानी में रहने वाले पक्षी हैं। मैं इन्हें बहुत अच्छी तरह पहचानती हूँ। इनकी पूँछ सख्त, लम्बी और चोंच चपटी होती है। इनके गले पर सफेद धब्बा होता है, जिसे देखते ही आपके शनिदेव भड़क जाएँगे।"

"तुम हमारी आस्थाओं, मान्यताओं और प्रतीकों का मज़ाक उड़ा रही हो। तुम्हारा यह व्यवहार शोभनीय नहीं है।"

"सॉरी डैड।" नेहा ने कहा, "मेरी बुद्धि की कुछ सीमाएँ हैं।"

शील 'काँ-काँ' करते हुए गाड़ी से उतर गयी। वह तोड़-तोड़कर रोटी के टुकड़े हवा में उछाल रही थी। कुछ पक्षी उसके सिर के ऊपर मँडराने लगे। वह देर तक काले कौवे को टेरती रही। उसे कौवे जैसे अनेक पक्षी दिखायी दे रहे थे। किसी की चोंच चपटी थी, किसी के पंख झबरे, किसी की आवाज़ अजनबी। हरदयाल गाड़ी में बैठा रहा। वह निरपेक्ष भाव से झील के उस पार देख रहा था। उसे एक-एक कर शीनी की नादानियाँ याद आ रही थीं। उसे वह दिन बार-बार याद आता था जब शीनी अपने माता-पिता की भावनाओं को रौंदते हुए उनके विरोध के बावजूद निक के साथ डेट पर चली गयी थी...

...उस दिन हरदयाल यह जानकर कि शीनी डेट पर गयी है, वह इतना विचलित हो गया था कि देर तक गुजराल के यहाँ बैठा रहा था। भारत से स्वामी अपूर्वानन्द आये हुए थे और उनका प्रवचन चल रहा था। स्वामी जी ने प्रवचन में क्या कहा, उसे कुछ भी याद नहीं। याद है तो सिर्फ यह बात कि स्वामीजी ने उसका निमंत्रण स्वीकार कर लिया था। स्वामीजी ने रविवार को उसके यहाँ दोपहर का भोजन करने के लिए हामी भर दी थी...

दरअसल रविवार का समय स्वामीजी ने बहुत सोच-विचार के बाद दिया था। उन्होंने पाया था कि सप्ताहान्त में वह बहुत अकेलापन अनुभव करते थे। विदेशियों की तरह अधिसंख्य भारतीय मूल के लोग भी सप्ताहान्त मनाने घर से निकल जाते थे। वह अपने प्रवचनों में इस बात की आलोचना करने लगे थे कि भारतीय मूल के लोग भी अपनी परम्पराओं और जातीय स्मृतियों की अवहेलना करते हुए पश्चिम का अन्धानुकरण करने लगे हैं।

स्वामीजी दो चार वर्ष में कैनेडा आते थे और अपने यजमानों से भरपूर आदर-सत्कार की अपेक्षा रखते थे। वे चार-छह महीने विभिन्न प्रान्तों का दौरा करते। हिन्दी, पंजाबी के कुछ साप्ताहिक पत्र उनका भरपूर प्रचार करते। उन्होंने कई मन्दिरों का शिलान्यास किया था। पिछली बार तो भारत में राममन्दिर निर्माण के लिए भी उन्होंने भरपूर चंदा इकट्ठा किया था।

इस बार की यात्रा में तो उनके भक्तों में एक महत्त्वपूर्ण नाम और जुड़ गया था। जिम का नाम। जिम ओटावा से संसद सदस्य था और सत्तारूढ़ दल का सक्रिय और महत्त्वपूर्ण सदस्य था। वह जब स्वामीजी से मिलने आया तो उसके साथ निजी स्टाफ के अलावा आठ-दस लोग और थे। स्वामीजी को यह जानकर बड़ा आश्चर्य हुआ कि जिम के अंतरंग मित्रों में एक टैक्सी ड्राइवर भी था—सरदार प्यारा सिंह। उन्होंने अपने यजमान से इस दोस्ती का राज़ जानना चाहा तो उसने बताया कि जिम के निर्वाचन क्षेत्र में पचास हजार पंजाबी मतदाता हैं। पंजाबी मतदाताओं के बीच लोकप्रियता हासिल करने के लिए जिम कई बार पंजाब का दौरा कर चुका है। हर बार वह प्यारा सिंह को अपने साथ लेकर गया है। पंजाबी मतदाताओं की सभा को सम्बोधित करने वह प्रायः प्यारा सिंह की टैक्सी में जाता है। पहले प्यारा सिंह का पंजाबी में भाषण होता है, उसके बाद जिम सभा को सम्बोधित करता है। जिम प्यारा सिंह की क्षमता पर मुग्ध था कि प्यारा सिंह सिर्फ अपने दम पर सब पंजाबी मतदाताओं के मेल बाक्स में जिम की प्रचार सामग्री डाल आता है। तीसरी बार चुनाव जीतने के बाद जिम ने प्यारा सिंह को सरकार में कोई ओहदा दिलाने की पेशकश की थी, मगर प्यारा सिंह ने कहा, वह अपने धन्धे में खुश है। इस घटना के बाद दोनों की और घनिष्ठता बढ़ गयी। जिम तमाम लोगों से अपने दफ्तर में ही मिलता था, मगर प्यारा सिंह उन चुनिंदा लोगों में से था, जो बेधड़क उसके बंगले में घुस सकते

थे और उसका दरवाजा खटखटा सकते थे।

स्वामीजी ने एक दिन प्यारा सिंह का आतिथ्य भी स्वीकार किया था। एक अतिथि गृह के विशाल हाल में स्वामीजी के प्रवचन का कार्यक्रम रखा गया था। जिम समारोह के मुख्य अतिथि थे। ऐसा लग रहा था जैसे समूचा पंजाब स्वामीजी को सुनने उमड़ पड़ा हो। स्वामीजी प्यारा सिंह की लोकप्रियता से अत्यन्त प्रभावित हुए। आजकल वह जिस किसी से भी मिलते, प्यारा सिंह का जिक्र करना न भूलते। जो भी व्यक्ति अथवा संस्था स्वामीजी को आमन्त्रित करती, वह अतिथियों की सूची में जिम और प्यारा सिंह का नाम शामिल करवा देते। स्वामीजी ने जब हरदयाल का निमंत्रण स्वीकार किया तो उससे भी कहा कि वह जिम और प्यारा सिंह को अवश्य आमंत्रित करे। शायद स्वामीजी जिम को दर्शाना चाहते थे कि वह प्रवासी भारतीयों के बीच कितने लोकप्रिय हैं।

हरदयाल अवसर का लाभ उठाते हुए स्वामीजी को एक कोने में अलग ले गया था। उसने लगभग बिसूरते हुए स्वामीजी से प्रार्थना की कि वह उनकी बिटिया के लिए उपयुक्त वर बतायें। प्रवासी भारतीय हो तो बेहतर। प्रवासी भारतीय न मिले तो कोई पढ़ा-लिखा, योग्य और संसकारवान भारतीय युवक सुझा सकते हैं।

"चिन्ता न कर बच्चा, मैं तुम्हारी मदद करूँगा।" स्वामीजी ने उसे आशीर्वाद देते हुए कहा।

हरदयाल एकदम हलका हो गया। उसे लगा, जैसे उसकी तमाम समस्याओं का समाधान हो गया हो।

वह जी-जान से स्वामीजी के स्वागत की तैयारियों में जुट गया था। हरदयाल ने शील और बच्चों के साथ बैठकर पन्द्रह बीस अन्तरंग मित्रों की सूची बनायी। अबरोल साहब से भी राय मश्वरा कर लिया। अबरोल दम्पती पेशे से डॉक्टर थे। जिस डॉक्टरी की डिग्री की भारत में बहुत पूछ थी, अमरीका में उसका खास महत्त्व नहीं था। मियाँ-बीवी दोनों अमरीका में यू.एम.एल.सी. की डिग्री हासिल करने के लिए प्रयास करते रहे, सफलता न मिली तो कैनेडा शिफ्ट कर गये। अबरोल कल्पनाशील और उत्साही नवयुवक था। कैनेडा में उसने थोड़ी-सी पूँजी से रियल एस्टेट का धन्धा शुरू किया और देखते ही देखते मिलियनेयर हो गया। आज कैनेडा में उसके तीन होटल हैं।

हरदयाल ने जब अबरोल को बताया कि उसके यहाँ आगामी रविवार को अपूर्वानन्दजी आ रहे हैं और स्वामीजी के साथ सत्तारूढ़ दल के सांसद जिम कपलैण्ड भी होंगे तो अबरोल ने उसका काम बहुत आसान कर दिया। उसने सुझाव दिया कि स्वामीजी का प्रवचन तो हरदयाल के आवास पर रहे और भोजन का प्रबन्ध वह अपने

होटल में कर देगा। नगर में हाल में ही उसका आठ मंजिला होटल शुरू हुआ था। अबरोल सांसद से परिचय का अवसर खोना नहीं चाहता था। यद्यपि तीन माह से उसका होटल चल रहा था, उसने होटल के रेस्तराँ के विधिवत् उद्घाटन का कार्यक्रम बना डाला और उसी क्षण अपनी योजना के क्रियान्वयन में लग गया। सबसे पहले उसने शील को फोन मिलाया, "सुन रहा हूँ भरजाई, तुम स्वामीजी के ऑनर में पार्टी दे रही हो। तुमने अभी तक सरोज को निमंत्रित नहीं किया, यह बहुत आपत्तिजनक बात है।"

"क्या बताऊँ भराजी, मेरा तो दम सूख रहा है। कैसे मैनेज करूँगी कुछ समझ में नहीं आ रहा। आप तो लड़कियों को जानते हैं, रोटी तक बेलना नहीं जानतीं।"

"जब तक तुम्हारा यह देवर ज़िन्दा है, तुम्हें परेशान होने की जरूरत नहीं।" अबरोल बोला, "आपकी सब ज़हमत मैंने अपने ऊपर ले ली है। मैंने और भराजी ने बैठकर तय किया है कि आपके यहाँ स्वामी जी का आदर-सत्कार करेगा। भोजन का इन्तज़ाम मेरें होटल में हो जाएगा।"

"सच भराजी?"

"और क्या?" अबरोल ने फोन हरदयाल को सौंप दिया था और हरदयाल के मुँह से अपनी तारीफ सुनकर मन्द-मन्द मुस्कराने लगा था।

रविवार को सुबह स्वामीजी का काफिला घर में दाखिल हुआ तो उनके स्वागत में हरदयाल-शील के अलावा अबरोल दम्पती भी हाथ जोड़े खड़े थे। गाड़ियों के रुकने और जल्दी-जल्दी दरवाजे खुलने-बन्द होने की आवाज़ सुनकर दोनों बेटियाँ–शीनी और नेहा--भी दरवाजे के पीछे खड़े होकर यह नज़ारा देखने लगीं।

विशालकाय स्वामीजी ने केसरिया रंग का कौषेय परिधान पहन रखा था। सिर पर विवेकानन्द की शैली में उसी रंग की पगड़ी थी। उनकी गर्दन सुराही के मटके के आकार की थी। उन्होंने गले में अनेक आकार-प्रकार की मालाएँ पहन रखी थीं। उनके हाथ आशीर्वाद की मुद्रा में उठे हुए थे। थोड़ी-थोड़ी देर में वह अपनी भारी आवाज़ में कहते–ॐ शान्ति शान्ति। स्वामीजी के पीछे चार-छह देसी बुजुर्ग चल रहे थे। दो-तीन अधेड़ स्त्रियाँ थीं, ठेठ पंजाबी लिबास में।

स्वामीजी के लिए अलग सोफे की व्यवस्था की गयी थी। सोफे की पुष्प सज्जा सरोज (मिसेज अबरोल) ने अपने हिसाब से की थी। उसी पर मृगछाल बिछा दी गयी थी। स्वामीजी को अपना आसन पहचानने में देर न लगी। वे आलथी-पालथी मारकर सोफे पर विराजमान हो गये। उनके साथ आये लोगों ने दूसरे सोफों पर आसन ग्रहण किया। स्वामीजी ने अपने साथ आये महानुभावों का परिचय दिया तो पता चला, ये

लोग स्वामीजी को लिवाने के लिए वैंकवूर से आये हैं और वहाँ ये लोग जहाजरानी के धंधे में हैं। अबरोल उन लोगों की आवभगत में व्यस्त हो गया और उनसे बातचीत करके वैंकवूर में होटल उद्योग की सम्भावनाओं को टटोलने लगा।

हरदयाल ने नगर के प्रमुख प्रवासी भारतीयों को आमंत्रित कर रखा था। ज्यादातर पंजाबी परिवार थे, दो परिवार गुजराती थे। सबसे स्वामीजी का परिचय करवाया गया। जिसका परिचय दिया जाता, वह स्वामीजी का चरण स्पर्श करता और स्वामीजी चरण स्पर्श करने वाले व्यक्ति को प्रसाद स्वरूप कुछ न कुछ अवश्य प्रदान करते। किसी को रुद्राक्ष की माला तो किसी को स्फटिक की माला प्राप्त हुई। महिलाओं को उन्होंने न जाने क्यों मध्यम आकार के शंख दिये।

परिचय कार्यक्रम समाप्त होते ही स्वामीजी ने अपने झोले से एक शंख निकाला और उसे होठों तक ले गये। मधुर लेकिन विस्फोटक शंख ध्वनि से पूरा वातावरण गुंजायमान हो गया। शंख बजाने से स्वामीजी का सुर्ख चेहरा और सुर्ख हो गया, आँखें बाहर को निकल आयी थीं। शंख ध्वनि से सहसा वातावरण भक्तिमय हो उठा। शंख ध्वनि सुनकर शीनी और नेहा अत्यन्त चमत्कृत हुईं और पीछे से उठकर आगे की कुर्सियों पर चली आयीं। शील ने दोनों को स्वामीजी का चरण स्पर्श करने को कहा तो स्वामीजी ने उन्हें बरज किया। दोनों बहनों ने सीने पर हाथ रखा और झुककर सम्मान प्रकट किया। स्वामीजी ने दोनों बहनों को एक-एक अंगूठी दीं। दोनों अंगूठियों में नग जड़े हुए थे। स्वामीजी ने कहा कि दोनों बहनें सोमवार को व्रत रहें और आरती के बाद अंगूठी धारण करें। प्रातःकाल सूर्य को अर्घ्य देते हुए सूर्य प्रार्थना करें—

आदिदेव नमस्तुभ्यं प्रसीद यम भास्कर।
दिवाकर नमस्तुभ्यं प्रभाकर नमोऽस्तुते।

"यह तो बहुत कठिन श्लोक है, कैसे याद होगा?" शीनी बोली।

"जैसे बचपन में पहाड़े याद किये थे।" स्वामीजी ने अपने झोले में हाथ डाला और सूर्य उपासना का एक कैसेट उसे भेंट किया और बोले अरोग्य प्राप्ति के लिए सूर्य की उपासना करनी चाहिए—

एकचक्रो रथे यस्य दिव्यः कनकभूषितः।
स मे भवतु सुप्रीतः पद्महस्तो दिवाकरः।

शील और हरदयाल बहुत प्रसन्न हुए कि शीनी ने स्वामीजी से अंगूठी ले ली। उन्हें विश्वास हो गया कि अब ईश्वर उसे सद्बुद्धि प्रदान करेंगे।

तभी स्वामीजी का मोबाइल बज उठा। वह उसे एक हाथ से कान तक ले गये और दूसरे हाथ से अपना मुँह ढाँपकर बतियाने लगे। उनकी भारी आवाज़ न जाने कहाँ विलीन हो गयी। सब लोग हैरान थे कि स्वामीजी बात कर रहे हैं, मगर उनकी

आवाज़ किसी को सुनाई नहीं दे रही। बात समाप्त करने के बाद उन्होंने फोन अपने झोले में डालते हुए कहा—"आपके सांसद जिम कपलैण्ड दस-पन्द्रह मिनट में पहुँच रहे हैं।"

अबरोल को लगा कि जिम के आने पर बाबा व्यस्त हो जाएँगे और शायद वह भी व्यस्त हो जाए, उसने बगैर और समय गँवाये स्वामीजी के चरणों पर शीश नवा दिया और बोला, "स्वामीजी, मेरा यहाँ छोटा-मोटा कारोबार है। आपका आशीर्वाद प्राप्त करना चाहता हूँ।"

स्वामीजी काफी समय से उस पर नज़र रखे थे। उन्हें समझते देर न लगी थी कि यह कोई चलता पुर्जा आदमी है। उन्होंने मंद-मंद मुस्कराते हुए जवाब दिया, "बच्चा, छोटा-मोटा नहीं, अच्छा-खासा कारोबार है यहाँ तुम्हारा। मांस-मदिरा का सेवन छोड़ दोगे तो और तरक्की करोगे।"

"स्वामीजी, न मैं मांस खाता हूँ, न मदिरा छूता हूँ। इस शहर में मेरा एकमात्र ऐसा होटल है, जहाँ गोमांस का प्रवेश वर्जित है।"

"यही तुम्हारी तरक्की का राज़ है। गोमांस भक्षण के खिलाफ आन्दोलन चलाओगे तो और तरक्की करोगे।" स्वामीजी ने अबरोल की बात को आधार बनाकर अपना प्रवचन प्रारम्भ किया, "हमारे पूर्वजों ने अकारण ही गऊ को माता का दर्जा नहीं दिया। हमारे शास्त्रों में गोमाता की महिमा का विशाल वर्णन मिलता है। वस्तुतः गाय के पृष्ठ भाग में ब्रह्मा, गले में विष्णु और मुख में रुद्र का वास होता है। गाय के गोबर में आठ ऐश्वर्यों से युक्त लक्ष्मी का वास होता है।

श्रोताओं में अधिसंख्य ऐसे लोग थे जो स्वयं तो शाकाहारी थे, मगर जिनकी सन्तानों को गोमांस से परहेज न रह गया था। स्वामीजी श्रोताओं के चेहरों का पाठ पढ़ना जान चुके थे। उन्हें समझते देर न लगी कि लोगों की रुचि इस विषय में नहीं है। उन्होंने मन्दिर निर्माण का मुद्दा उठाया, उस पर भी लोग उदासीन रहे। अब तक कई साधु, सन्यासी और महात्मा और तरह-तरह की परिषदों के पदाधिकारी कई बार मन्दिर निर्माण के नाम पर चंदा उगाह कर ले जा चुके थे। लोगों को शंका हुई कि यह स्वामी भी देखते-देखते डॉलरों के लिए झोली फैला देगा। श्रोताओं के चेहरे पर शंका का भाव देखकर स्वामीजी मन्दिर से गंगाजी में उतर आये। उन्होंने गंगाजी में एक डुबकी लगायी और बोले कि जिस प्रकार देवताओं के लिए अमृत पितरों के लिए स्वधा तथा नागों के लिए सुधा है, उसी प्रकार मनुष्यों के लिए गंगा जल है। लोग गंगा में फैल रहे प्रदूषण पर बात करने लगे तो स्वामीजी ने गंगा का प्रसंग भी बीच धार में छोड़ दिया। उन्हें प्रवासी भारतीयों पर बहुत दया आयी, बेचारे, अपने इतिहास, परम्पराओं और संस्कारों से कटकर यहाँ वनवास झेल रहे हैं। उन्होंने लगभग डाँटते

हुए कहना शुरू किया कि इस संसार में कलियुग पश्चिम के रास्ते ही आया है। आप लोग इस देश में रहते हुए कभी हीनता की भावना से ग्रस्त मत होइए। कभी यह मत भूलिए कि आप उस महान देश से आये हैं, जिसकी संस्कृति यहाँ की संस्कृति से प्राचीन ही नहीं अति उत्तम रही है। मैं देख रहा हूँ, यहाँ संस्कृति का नहीं अपसंस्कृति का विस्तार हो रहा है। आप लोग अपसंस्कृति की इस चकाचौंध में मत आइए। अपने बाल-बच्चों को भारत के प्राचीन गौरव से अवगत कराइए। शादी-विवाह के मामले में सतर्क रहिए। ये लोग यौनगत नैतिकता में विश्वास नहीं करते, इसलिए इनके यहाँ तलाक आम है। हमारे यहाँ विवाह को जन्म-जन्मान्तर का पावन रिश्ता माना जाता है।

दोनों लड़कियाँ स्वामीजी की बातों से ऊब रही थीं। सच तो यह है कि उनकी न स्वामीजी में और न ही स्वामीजी के प्रवचनों में कोई रुचि थी। नेहा धीरे से वहाँ से खिसक गयी। लड़कियों का यों सभा से बहिर्गमन कर जाना हरदयाल और शील दोनों को बहुत बुरा लगा। हरदयाल ने नजरों ही नजरों से शील को इशारा किया कि वह उन दोनों को वापस बुला लाये। शील उठी और दोनों लड़कियों को समझा-बुझा और डरा-धमकाकर बाहर ले आयी। स्वामीजी जी ताड़ गये कि उनकी बातें नयी नस्ल की लड़कियों को दकियानूसी लग रही हैं। उन्होंने शीनी से कहा, "बेटी मन में कोई जिज्ञासा उठ रही हो तो निःसंकोच कहो।"

"नो, थैंक्यू स्वामीजी।" शीनी ने कहा।

"हम दिल की बात भाँप लेते हैं। तुम्हारे भीतर कोई प्रश्न कसमसा रहा है।"

"नहीं स्वामीजी।" कहते-कहते शीनी को लगा कि स्वामीजी चाह रहे हैं तो वह क्यों न मन की बात रख ही दे।

"बोलो, बोलो बेटी।" स्वामीजी ने अनुरोध किया।

"स्वामीजी, सुनने में आता है कि भारत में औरतों को दहेज के लिए जिन्दा जला दिया जाता है। क्या यह सच है?"

हाल में सन्नाटा खिंच गया। क्षणभर के लिए स्वामीजी भी हतप्रभ रह गये, मगर उन्होंने शीघ्र ही अपने को समेट लिया और बोले, "बेटी मैं यह नहीं कहता कि भारत में स्त्री के प्रति हिंसा नहीं होती। यूरोप और अमरीका जैसे विकसित देशों में भी होती है। भारत में जब कोई इस प्रकार की घटना होती है तो उसे अनुपात से अधिक फैलाकर पेश किया जाता है। मैं मानता हूँ भारत में बहुत गरीबी है, अशिक्षा है, रूढ़िग्रस्तता है, मगर ऐसी गरीबी भी नहीं जैसी यहाँ के इलेक्ट्रानिक माध्यमों में दिखायी जाती है। आज भारत के कई राज्यों में पूर्ण साक्षरता है। कुछ गरीबी के सौदागर हैं जो यहाँ आकर भारत के कृष्ण पक्ष का धन्धा करते हैं। यहाँ आकर लोगों

सें बातचीत करके महसूस होता है जैसे भारत सँपेरों, बाजीगरों, मछुआरों और आदिवासियों का देश हो। जबकि सचाई यह है कि भारत एक विकासशील देश है, भारत किसी भी दिन टेकऑफ कर सकता है। स्वाधीनता से पूर्व भारत में सुई जैसे छोटे उपकरण का भी आयात किया जाता था, आज हम अन्तरिक्ष में उपग्रह छोड़ रहे हैं। हम अन्न उत्पादन में आत्मनिर्भर हैं। बिटिया, तुम्हें भारत की यही छवि दिखायी गयी है, इसमें तुम्हारा कोई दोष नहीं। तुम्हारे जैसे बहुत से मासूम लोग भारत के खिलाफ किये जा रहे इस दुष्प्रचार से प्रभावित हो रहे हैं।''

''स्वामीजी, आप गंगा के महत्त्व का इतना बखान कर रहे थे, सुनते हैं गंगा जल पीने लायक नहीं रहा।'' एक अधेड़ स्त्री ने स्वामीजी के सामने अपनी जिज्ञासा रखी।

''आपने ठीक सुना है बहनजी। अब तो संत महात्मा भी गंगा स्नान करने से कतराने लगे हैं। विकासशील राष्ट्र की बहुत-सी समस्याएँ होती हैं। प्रदूषण भी विकास का बाई प्रोडक्ट है। इन समस्याओं को व्यापक परिप्रेक्ष्य में देखना होगा। पर्यावरण प्रदूषण भारत की ही नहीं पूरे विश्व की समस्या है। गंगा को प्रदूषण मुक्त करने के लिए सरकार जो राशि आबंटित करती है, उसे भ्रष्ट नौकरशाह और इंजीनियर मिलकर डकार जाते हैं। जिस दिन हम लोग भारत को भ्रष्टाचार मुक्त करने में सफल हो गये, गंगा अपने आप पहले की तरह निर्मल और प्रदूषण मुक्त हो जाएगी।''

बाहर एक साथ कई गाड़ियाँ रुकने की आवाज सुनाई दी। अबरोल और हरदयाल लगभग भागते हुए दरवाजे की ओर लपके। जिम कपलैण्ड, प्यारा सिंह और कुछ अन्य लोग हाथ जोड़े हुए आगे बढ़ रहे थे। प्यारा सिंह ने भीतर दो-चार सिक्ख भाइयों को देखा तो दरवाजे पर से ही आवाज़ बुलन्द की, ''जो बोले सो निहाल।''

''सत सिरी अकाल।'' भीतर लोगों ने गुहार लगायी।

प्यारा सिंह ने आगे बढ़कर स्वामीजी का चरण स्पर्श किया। जिम कपलैण्ड ने भी झुककर अपना सम्मान प्रकट किया। हरदयाल और अबरोल प्यारा सिंह को एक कोने में ले गये। प्यारा सिंह को आगे के कार्यक्रम की जानकारी दी। प्यारा सिंह ने जिम के कान में कहा, ''अभी आपको होटल के एक रेस्तराँ का उद्घाटन करना है। वहाँ आपको हमारी कम्युनिटी के कुछ और लोग भी मिलेंगे। अच्छा अवसर है। आप स्वीकार कर लें।''

''ओक ओके।'' जिम कपलैण्ड के सेक्रेटरी ने कहा और अबरोल से पूरी जानकारी ले ली। वह वहीं खड़े-खड़े अपने प्रेस के मित्रों से सम्पर्क करने लगा। उसका यही काम था। अबरोल ने देखा तो बोला, ''आप जिम के सेक्रेटरी हैं और मैं आपका।''

''यानी?''

"यानी मैं पूरे प्रेस को निमंत्रण भेज चुका हूँ। अभी यहाँ से मेरे एक मित्र ने एक मल्टी लिंगुअल साप्ताहिक शुरू किया है—पंज दरिया। वह हिन्दी, पंजाबी, उर्दू और अंग्रेजी का मिक्स्ड पिकैल है और हमारी कम्युनिटी का हर शख्स उसे पढ़ता है। वह अपनी तरह का अनोखा साप्ताहिक है। आपको घर बैठे खबर लग जाएगी कि किसकी शादी हो रही है और किसका तलाक। किसके यहाँ बच्चा पैदा हुआ है और कौन देस गया है। पंज दरिया का अगला अंक जिम कुपलैण्ड पर केन्द्रित होगा। अभी उसके सम्पादक से मिलवाऊँगा।"

जिम का सचिव हतप्रभ-सा अबरोल की तरफ देख रहा था। वह इतने बातूनी आदमी से आज तक नहीं मिला था। उसने यह भी तय किया कि इस शख्स को यथासम्भव जिम से दूर रखना ही बेहतर होगा वर्ना यह जिम के लिए नहीं उसके लिए भी सिरदर्द बन सकता है।

जिम के आते ही वातावरण जीवंत हो उठा। स्वामीजी ने अपना प्रवचन बन्द किया और लगभग मौन धारण कर लिया। भारत से वह एक छोटा-सा इंगलिश स्पीकिंग कोर्स करके आये थे। उनके सामान में इस विषय पर कुछ उपयोगी पुस्तकें तथा एक अंग्रेजी-हिन्दी शब्दकोश भी था। अभी तक भाषा की समस्या उनके सामने न आयी थी। अपने भक्तों के बीच वह अत्यन्त विश्वासपूर्वक गलत-सलत अंग्रेजी का प्रयोग भी कर लेते थे, मगर अब इन गोरों की उपस्थिति में वह उतनी ही अंग्रेजी बोलना मुनासिब समझते थे, जो व्याकरण और उच्चारण की दृष्टि से शुद्ध हो। जिम उनके व्यक्तित्व से प्रभावित नज़र आ रहा था। वह जानना चाह रहा था कि स्वामीजी ने गले में इतनी मालाएँ क्यों पहन रखी हैं। स्वर्णजटित मोटे-मोटे रुद्राक्ष की माला उसे अत्यन्त भव्य लग रही थी। कुछ मालाएँ स्वामीजी अपने यजमानों के लिए भी पहने रहते थे। जिस पर प्रसन्न हो जाते उसकी हैसियत के मुताबिक एक माला अपने गले से उतारकर उसके गले में पहना देते। जब से जिम से उनका परिचय हुआ था, उनके मन में कशमकश चल रही थी कि जिम पर कितनी रकम की बाजी लगायी जा सकती है। स्वामीजी के गले में मूँगा, स्फटिक, स्वर्णजटित रुद्राक्ष, मोती, माणिक्य की मालाएँ शोभायमान हो रही थीं। जिम सोच रहा था कि स्वामीजी की तरफ देखकर सबसे पहले दो चीज़ों पर नज़र अटकती थी—किस्म-किस्म की मालाओं और उनकी तोंद पर।

अबरोल और हरदयाल ने मिलकर जिम और प्यारा सिंह का वहाँ उपस्थित तमाम लोगों से परिचय कराया। जिम ने बहुत गर्मजोशी से हाथ मिलाकर परिचय प्राप्त किया। स्त्रियों से वह हाथ जोड़कर मिला। उसे आश्चर्य हो रहा था कि तमाम औरतों ने इतनी गहरी लिपस्टिक क्यों लगा रखी है और ये सोने के इतने आभूषण

क्यों पहने हुए हैं। एकान्त मिलते ही उसने प्यारा सिंह के सामने अपनी जिज्ञासा रखी। प्यारा सिंह मुस्कुराया और बोला, "ये औरतें यहाँ की मेमों से अधिक सुन्दर दिखना चाहती हैं। इन्हें हमेशा एक ही डर सताता रहता है कि कोई मेम इनके मर्द को न ले उड़े।"

"बट दे लुक ब्युटीफुल एंड स्मार्ट।" जिम बोला।

अबरोल जिम के पीछे ही खड़ा था। उसने यह बातचीत सुन ली। वह अपनी पत्नी सरोज को खोजने लगा। सरोज पीछे बैठी कोक पी रही थी। वह उसकी बगल में जा बैठा और सरोज से बोला, "तुम इतनी चटख लिपस्टिक लगाकर क्यों आयी हो? तुम्हारे होंठ तो वैसे ही इतने सुर्ख रहते हैं मेरी जान, जाओ भीतर जाकर लिपस्टिक उतार आओ।"

"क्या बेवकूकी की बातें कर रहे हो?" सरोज नाराज़ हो गयी, "तुम चाहते हो मैं सबसे बदसूरत दिखूँ?"

"बेवकूफ तुम हो। तुम्हें मालूम ही नहीं चटख लिपस्टिक का फैशन नहीं रहा। किसी मेम को कभी देखा है स्यार की तरह होंठ रँगे हुए।"

"तुम एंटी वुमन हो। तुम्हें औरतें स्यार की तरह नज़र आती हैं।" सरोज ने पूछा, "अचांनक बहकी-बहकी बातें क्यों कर रहे हो?"

"दरअसल जिम पूछ रहा था कि औरतें इतनी चटख लिपस्टिक लगाकर क्यों आयी हैं?"

"खसमखाना।" सरोज ने कहा, "उसे क्या तकलीफ है?"

"वह हर साल भारत जाता है और देखकर आता है कि वहाँ की औरतों का रखरखाव यहाँ की औरतों से कहीं बेहतर है।" अबरोल जिम का सहारा लेकर अपनी भड़ास निकालने लगा, "जरा खुद ही तटस्थ भाव से जायज़ा लो। वाइटलस्टेटिक्स देखो—50, 50, 50। वक्ष, कमर, और नितम्ब का अन्तर ही मिट गया है। घर से मेमों का मुकाबला करने निकली हैं।"

"क्या बक रहे हो?" सरोज ने उसे डाँटा, "जहाँ हिन्दुस्तानी औरतों को देखते हो, बौराने लगते हो। इन्फीरिआरिटी काम्पलेक्स से ग्रस्त तुम्हारे जैसे लोग जब गोरों की सोहबत पाते हैं तो अपनी कम्युनिटी के लोगों को नफ़रत की निगाह से देखने लगते हैं। बहुत सम्भव है यहाँ उपस्थित दूसरे हिन्दुस्तानी भी तुम्हारे बारे में ऐसा ही सोच रहे हों।"

"जरा ऑब्जेक्टिव तरीके से सोचो। दो किलो का जूड़ा बनाकर ये औरतें सोचती हैं, वे बहुत आधुनिक हैं। दरअसल जब ये बीसियों साल पहले भारत से यहाँ आयी थीं, उन दिनों हेमा मालिनी, आशा पारिख और नंदा जैसी अभिनेत्रियाँ ऐसे जूड़े

बनाया करती थीं। ये आज भी उसी युग में जी रही हैं। इन बेचारियों को पता ही नहीं कि भारत की आधुनिकाएँ अब जूड़ा नहीं बनातीं, कंधों पर बाल डाले मस्ती से घूमती हैं। ये औरतें अपने तथाकथित स्तनों को बार-बार दुपट्टे से ढाँपती रहती हैं।''

सरोज गुस्से से तमतमाने लगी और वहाँ से उठकर शील के पास चली गयी। अबरोल प्यारा सिंह के पास चला आया और बोला, ''प्यारा सिंह जी, ये पंजाबी औरतें कब समझेंगी कि इनके गहनों का फैशन पुराना पड़ चुका है। अब भारत में भी कोई औरत फानूस की तरह झूलने वाले बुंदे नहीं पहनती।''

''बादशाओ, इन बुंदों पर आज भी बहुत से लोग जान छिड़कते हैं।'' प्यारा सिंह बोला और अबरोल को पकड़कर जिम के पास ले गया।

''जिम, यही हैं मिस्टर अबरोल, जिनके होटल 'कोहिनूर' के इंडियन रेस्तराँ 'दालरोटी' का अभी आपको उद्‌घाटन करना है। आपके सम्मान में आज विशेष रूप से पंजाबी व्यंजन तैयार किये गये हैं।''

हरदयाल ने राहत की साँस ली कि उसके यहाँ का कार्यक्रम सही-सलामत निपट गया है।

नेहा ने गाड़ी रोककर गैरेज का दरवाजा खोला तो हरदयाल की तन्द्रा टूटी। उसने एक गहरी डुबकी लगा ली थी। सचेत होते ही शीनी दुबारा उसकी चेतना पर छा गयी। उसे याद आया...स्वामीजी ने भारत से अनेक रिश्ते भेजे थे। उनमें डॉक्टर, वकील, इंजीनियर, अध्यापक आदि अनेक पेशों के लड़के थे। फोटो देखते ही शीनी बिगड़ जाती और फोटो का कार्टून बना देती। किसी को पगड़ी पहना देती और किसी के मुँह में सिगरेट खोंस देती। किसी के माथे पर लिख देती–मुझे दहेज चाहिए। मुझे टिकट भेजो ताकि मैं आ सकूँ। टिकट की माँग प्रत्येक लड़के ने की थी। शीनी इसे अपमानजनक मान रही थी।

"जिस लड़के के पास यहाँ आने के लायक टिकट का पैसा नहीं है, वह मेरा खर्च कैसे उठा लेगा? शादी के बाद मैं एक राजकुमारी की तरह जीना चाहती हूँ।" वह कहती।

निक ने उसे सचमुच राजकुमारी के नाज़-नखरों के साथ रखा था, मगर उसे वह वैभव भी रास न आया और एक दिन फोन पर उसने सूचना दी, "पापा मैं डाइवोर्स ले रही हूँ। अवर मैरिज इज नाट कॉम्पेटिबिल।"

हरदयाल जैसे आसमान से गिरा था।

नेहा ने गाड़ी भीतर कर ली, वह उसी तरह वहीं ठगा-सा खड़ा रहा।

"क्या हुआ डैड, ऐसे क्यों खड़े हैं? तबीयत ठीक है?" नेहा ने उसका माथा छूकर पूछा।

हरदयाल ने एक लम्बी-गहरी साँस भरी। वह चुपचाप थके कदमों से भीतर चला आया। शील भी कम परेशान न थी, मगर वह जानती थी कि हरदयाल का घाव गहरा होता है और देर से भरता है। छोटी-सी बात भी उसे अनुपात से कहीं अधिक उद्वेलित कर जाती थी।

घर में सन्नाटा था। कैनेडा के औसत घरों में ऐसा सन्नाटा पसरा रहता है। यह सन्नाटों का मुल्क है। घर में भी सन्नाटा, घर के बाहर और अधिक सन्नाटा। ऐसे भीषण सन्नाटे में कहाँ तो काली गाय मिलेगी और कहाँ काला कौव्वा। उसे लगा वे भारतीय उससे कहीं ज्यादा प्रसन्न और भाग्यशाली हैं जो 'व्हिस्कियाँ' पीते हैं और मुर्गे की लैगें (टाँगें) उड़ाते हैं। एक वह अभागा है जिसने ज़ीरो से नीचे तापमान में भी एक

कतरा ब्रांडी तक नहीं चखी।

विलियम टुअर पर था और नेहा का बेटा स्कूल के बच्चों के साथ साउथ अमरीका के भ्रमण पर निकला हुआ था। हरदयाल चुपचाप बेसमेण्ट में जाकर लेट गया। बेसमेण्ट का एकान्त उसे प्रिय था जबकि शील को बेसमेण्ट से नफरत थी। वह तो अपने घर के बेसमेण्ट में कभी न गयी थी। हरदयाल ही नीचे जाकर घर का कूड़ा-कबाड़ा बेसमेण्ट में डाल आता था। हरदयाल ने बेसमेण्ट का एक कोना अपने लिए सुरक्षित रखा हुआ था। घर में लड़कियाँ शोर मचातीं या उनकी सहेलियाँ आ जातीं तो वह चुपचाप बेसमेण्ट में चला जाता।

शाम को जब नेहा ने चाय के लिए पिता को आवाज़ दी तो नीचे से कोई उत्तर नहीं आया। उसने इंटरकाम से बात करनी चाही मगर बेसमेण्ट में कोई फोन ही नहीं उठा रहा था। शील ने चाय के साथ गोभी के पकौड़े बनाये थे जो हरदयाल को बहुत पसन्द थे। हरदयाल नहीं आया तो वह नीचे बेसमोन्ट में धड़धड़ाते हुए चली गयी। हरदयाल वहाँ भी नहीं था। वह हाँफती हुई ऊपर चली आयी, "तुम्हारे डैड कहाँ हैं?"

"घुरने (बेसमेण्ट) में थे।"

"वहाँ तो नहीं हैं।" किसी अनिष्ट की चिन्ता में शील बेहद घबरा गयी। बाहर एकाएक ठंडक बहुत बढ़ गयी थी। तेज बर्फीली हवाएँ साँय-साँय कर रही थीं। लग रहा था, बर्फ का तूफान आने वाला है। ऐसे में बगैर गाड़ी के बाहर निकलना बहुत खतरनाक हो सकता था। कई बार तो गाड़ियाँ भी तूफान में फँस जाती हैं। गाड़ी में भी अगर समुचित गैस न हो तो बहुत से लोग गाड़ी में ही अकड़ जाते हैं। घर में कहीं हरदयाल का पता न चला तो नेहा ने माँ से कहा कि अच्छा यही है पुलिस को खबर कर दी जाए। ज्यादा दूर नहीं गये होंगे, अगर तूफान में फँस गये तो लेने के देने पड़ सकते हैं। माँ की सहमति मिलती इससे पहले ही वह पुलिस को फोन मिलाने के लिए तत्पर हो गयी।

"पैदल गये हैं, दो मील के भीतर ही होंगे, मगर प्रश्न यह है कि कहीं शेल्टर मिल पाएगा कि नहीं।" नेहा ने माँ से कहा।

शील ने बेटी की बात पर ध्यान नहीं दिया और निक को फोन मिलाने लगी। निक टोरोंटो में था। शील की बात सुनकर वह बहुत चिन्तित हुआ। उसने बताया कि वह अपने कुछ मित्रों को फोन करके डैड को खोज निकालने के काम में लगाता है। उसने यह भी बताया कि शीनी ने उसका घर छोड़ दिया है और अलग घर लेकर रहने लगी है।

"बच्चे?"

"बच्चे कभी उसके साथ रहते हैं और कभी मेरे पास चले आते हैं।"

नेहा ने माँ के हाथ से रिसीवर लिया और पुलिस में पिता की गुमशुदगी की रिपोर्ट दाखिल कर दी। वह खुद भी माँ को साथ लेकर गाड़ी में पिता की तलाश में निकली, मगर सड़क पर बहुत तेज हवाएँ थीं और बर्फ। चिरई का पूत भी नज़र नहीं आ रहा था, जिससे कुछ दरियाफ्त किया जा सके। गाड़ी ने एक किलोमीटर का सफर भी तय न किया होगा कि सड़कें बर्फ में दफन होने लगीं।

"मॉम आगे बढ़ना खतरनाक हो सकता है। हो सकता है, लौटने का रास्ता ही न मिले।" नेहा ने तेज़ी से गाड़ी वापस घुमा ली।

वे लोग घर में घुसे तो टेलीफोन की घंटी सुनाई दी। नेहा भीतर भागी, मगर जब तक टेलीफोन के पास पहुँचती, घंटी बन्द हो गयी। माँ-बेटी टेलीफोन के पास ही बैठ गयीं। शील ने आँखें बन्द कर ली थीं और मन ही मन महामृत्युंजय मंत्र का जाप शुरू कर दिया था—ॐ त्र्यम्बकं यजामहे सुगंधि पुष्टिवर्धनम्।.उर्वारूकमिव वंधनान्मृत्योर्मुक्षीत माऽमृतात। नेहा रसोई में जाकर चाय बना लायी। उसने एक कप माँ के सामने तिपाई पर रख दिया और धीरे-धीरे चाय की चुस्कियाँ लेने लगी। हरदयाल के पारिवारिक मित्रों में अबरोल सबसे अधिक प्रभावशाली व्यक्ति था। उसने अबरोल अंकल को फोन घुमा दिया। हरदयाल के बारे में जानकर अबरोल भी बहुत व्यथित हुआ।

"यह सब कुछ शीनी के कारण हो रहा है। इतनी ज़हीन लड़की थी, न जाने उसके दिमाग में यह खुराफ़ात कैसे आ गयी? तुम्हें याद है जिस रोज 'दाल रोटी' का उद्घाटन था, उसने जिम कपलैण्ड से दोस्ती गाँठ ली थी। तुम्हें मालूम है, जिम इस समय देश का गृहमंत्री है?"

"नहीं अंकल। मुझे कुछ नहीं सूझ रहा।"

"तुम चिन्ता न करो। मैं अभी प्रशासन को चौकस करता हूँ। मालूम नहीं शीनी जिम के सम्पर्क में है कि नहीं।"

"अंकल मुझे कुछ मालूम नहीं।"

नेहा को याद आया, अबरोल ने रेस्तराँ के उद्घाटन की भव्य तैयारियाँ की हुई थीं। शुद्ध भारतीय शैली में जिम का स्वागत किया गया था। तीन भारतीय बालाएँ हाथ में गुलाब के फूलों की मालाएँ लिए द्वार पर खड़ी थीं। सरोज ने देहरी पर तेल चुआकर जिम का स्वागत किया। जिम की आरती उतारी। पीतल की थाली थामे सरोज की छवि आज भी नेहा के दिमाग में दर्ज है। उसने लाल रंग के चौड़े बॉर्डर की साड़ी पहनी थी। सरोज ने आगे बढ़कर जिम के भाल पर रोली अक्षत का तिलक अंकित किया तो एक साथ दसियों छायाकारों के फ्लैशगन बिजली की तरह कौंध गये। वीडियो कैमरा अबरोल स्वयं संचालित कर रहा था। स्वामीजी ने अचानक झोले से शंख निकाला और शंख ध्वनि से पूरा वातावरण गूँज उठा। वातावरण फूलों से

सुवासित था। तभी एक षोडशी ट्रे में कैंची लेकर प्रकट हो गयी। जिम ने रिबन काटा तो फ्लैश की चकाचौंध और कैमरों की ध्वनियों के बीच रेस्तराँ के उद्‌घाटन का कार्यक्रम सम्पन्न हुआ।

रेस्तराँ सचमुच सुरुचिपूर्ण था। इसका डिजाइन अबरोल के एक आर्किटेक्ट मित्र सैबी (सरबजीत) ने किया था। सैबी एक उम्दा कलाकार भी था, मगर इस देश में उसे काम के नाम पर बस कंडक्टरी हासिल हुई थी। उसने अबरोल की इच्छा के अनुरूप रेस्तराँ में एक नन्हा-सा पंजाब खड़ा कर दिया था। प्रत्येक टेबिल पर फूलदान में गेहूँ की सुनहरी बालियाँ सजायी गयी थीं। सुनहरी बालियों में गेहूँ के मोटे-मोटे दाने मनकों की तरह दिखायी पड़ते थे। सामने की दीवार पर एक खटिया जड़ दी गयी थी, जिसे मूँज की रस्सी से कसा गया था। एक दीवार पर फिल्म बरसात का बड़ा-सा पोस्टर लगा था। राजकपूर और नर्गिस एक छाते के नीचे खड़े थे। एक जगह दीवार के बीचोंबीच एक छोटी-सी कारनिस बनायी गयी थी। कारनिस पर पचासों साल पुराने पारिवारिक चित्र थे, बीच में एक गोल अलार्म क्लॉक था। तस्वीरें और उनके फ्रेम सचमुच पचास साल पुराने थे और पंजाब से मँगवाये गये थे। सीधे पल्ले में एक अत्यन्त सुन्दर महिला की तस्वीर थी। तस्वीर का क़ागज बहुत पुराना पड़ चुका था, मगर महिला का सौन्दर्य उस मैले कागज से किरणों की तरह फूट रहा था। वह किसी की भी दादी, पड़दादी या नानी हो सकती है। हर आदमी अनायास ही पूछ बैठता, यह किसका चित्र है? दीवारों पर कहीं-कहीं उर्दू, हिन्दी और पंजाबी में कुछ रोचक बातें बड़े-बड़े अक्षरों में लिखी हुई थीं—जैसे, ऑनेस्टी इज द बेस्ट पॉलिसी। सत्यमेव जयते। जैसा करोगे, वैसा भरोगे। कहीं-कहीं पुराने टायर भी लटके हुए थे। हाल में दो-तीन लालटेनें भी लटक रही थीं। वे बाकायदा जलायी जाती थीं। उनकी चिमनियाँ भी साफ की जाती थीं। किसी पंजाबी ढाबे और मध्यवर्गीय परिवार के वातावरण को साकार करने की कोशिश की गयी थी।

आमन्त्रित लोग आसन ग्रहण करने से पहले किसी संग्रहालय की तरह रेस्तराँ का अवलोकन कर रहे थे। एक कोने में स्वामीजी अपने भक्तों से घिरे हुए खड़े थे और रेस्तराँ की प्रशंसा कर रहे थे। अबरोल ने सुना तो स्वामीजी का चरण स्पर्श कर उनका आशीर्वाद लिया। उसकी कोशिश थी कि स्वामीजी को जिम से सम्मानजनक फासले पर रखा जाए। वह चाहता था कि कुछ जगजाहिर शाकाहारियों के बीच उन्हें स्थापित कर दे ताकि मांसाहारी बगैर किसी कुंठा के भोजन कर सकें। उसने स्वामी जी को एक टेबिल पर स्थापित कर दिया तो बोला, ''मुझे मालूम है स्वामीजी कि आप दिन में अन्न ग्रहण नहीं करते। आपके लिए विशेष रूप से फलाहार का प्रबन्ध किया गया है।''

स्वामीजी यह सोचकर गद्गद हो गये कि भक्त लोग उनका कितना ध्यान रखते हैं। उन्होंने अबरोल के सिर पर हाथ फेरते हुए कहा, "बच्चा, अभी तुम बहुत तरक्की करोगे। जितना शाकाहार का प्रचार करोगे उतना ही ऊपर जाओगे। इस रेस्तराँ में गोमांस के प्रवेश को वर्जित रखना।"

"जी स्वामीजी। एक दिन मेरा रेस्तराँ इस देश का सबसे प्रसिद्ध शाकाहारी रेस्तराँ होगा।" अबरोल ने अत्यन्त चालाक उत्तर दिया। स्वामीजी भी नादान न थे, वह उसकी व्यावसायिक विवशताओं को समझ रहे थे। वह वैसे भी मांसाहारियों से दूर ही बैठना चाहते थे।

शीनी जिम से बात करते-करते उसी की टेबिल पर बैठ गयी। बगल की टेबिल पर जिम के स्टाफ के लोग बैठ गये। जिम ने अबरोल को बुलाया और बोला कि स्वामी जी कहाँ हैं? उन्हें यहाँ लाइए।

"दरअ़सल स्वामीजी शाकाहारी हैं। मैंने आपके लिए पेशावरी मुर्ग मुसल्लम तैयार करवाया है।"

"नहीं, नहीं, वह फिर किसी दिन। आज शाकाहारी भोजन ही चलेगा, स्वामीजी के साथ।"

अबरोल भागकर स्वामीजी को बुला लाया। जिम ने प्यारा सिंह को भी बुलवा लिया।

"इस शख्स को चुनाव में हराना बहुत मुश्किल होगा।" अबरोल ने हरदयाल से कहा, हण्ड्रेड परसेण्ट पॉलिटिकल आदमी है।"

"शीनी तुम हमारे लिए दुभाषिये का काम करोगी।" स्वामीजी ने कहा, "मुझे तो गोरों की आधी बातें समझ में ही नहीं आतीं।"

"आपको मुझसे बेहतर दुभाषिये मिल जाएँगे। मुझे तो कई बार अपने माता-पिता की बातें ही समझ में नहीं आतीं।"

"इसी को जेनरेशन गैप कहते हैं।" जिम बोला।

सबने जोरदार ठहाका लगाया।

"शीनी तुम्हारा उच्चारण बहुत अच्छा है। शत-प्रतिशत कैनेडियन।"

अबरोल पीछे खड़ा था। बोला, "शीनी का फ्रेन्च का उच्चारण सुनेंगे तो इसके फ्रांसीसी होने का भ्रम हो जाएगा। फ्रेन्च सीखने यह पेरिस गयी थी।"

"वाऊ।" जिम ने तारीफ भरी नज़रों से शीनी की तरफ देखा।

"मैं फ्रेन्च क्लब की सदस्या थी, जिसके कारण मुझे लो बजट फील्ड ट्रिप पर पेरिस जाने का अवसर मिला। आज यह सोचकर आश्चर्य होता है कि फ्रेन्च क्लब

मॉंट्रियाल और क्यूबेक क्यों नहीं भेजता, जबकि मॉंट्रियाल विश्व का दूसरा बड़ा फ्रेन्च स्पीकिंग शहर है।"

"दरअसल अपने देश के लोग उसे उतना फ्रांसीसी नहीं मानते।" जिम ने कहा।

सबने एक हलका-सा ठहाका लगाया। यह खुशामद करने का एक शिष्ट तरीका था। जिम जहाँ भी बैठता, कुछ-कुछ देर के बाद हलके, कुलीन और मधुर ठहाके उठते रहते। अबरोल बोला, "मेरा बेटा तीन बरस से फ्रेन्च पढ़ रहा है। मगर अभी तक केवल इतनी फ्रेन्च सीख पाया है कि टैक्सी ड्राइवर को रास्ता बता सकता है या किसी फ्रेन्च स्टोर से सामान खरीदकर ला सकता है।"

"फ्रेन्च सीखने का एक और फायदा है। आप अमरीकियों की उपस्थिति में गुप्त रूप से बातचीत कर सकते हैं।" शीनी ने कहा।

"न जाने कैनेडा पर फ्रेन्च क्यों थोप दी गयी है?" अबरोल ने कहा। दरअसल उसका बेटा एक फ्रेन्च लड़की पर फिदा था, उससे शादी करने पर आमादा था जबकि सरोज और अबरोल दोनों चाहते थे कि उनका इकलौता वारिस किसी प्रवासी भारतीय से शादी करे। जहाँ मौका मिलता वह फ्रेन्च और फ्रांसीसियों की आलोचना में जुट जाता।

"आप फ्रेन्च से इतना खफा क्यों हैं?" जिम ने कहा, "देश की एकता बनाये रखने के लिए फ्रेन्च को दूसरी राजभाषा का दर्जा देना ज़रूरी था।"

"हम लोगों के रोज़मर्रा के जीवन में तो फ्रेन्च का कोई महत्त्व नहीं है। दवा की शीशी तक में दो भाषाओं में हिदायतें पढ़कर मुझे कोफ्त होने लगती है।"

"अगर कैनेडा द्विभाषी राष्ट्र न होता तो इसका विघटन हो चुका होता। आज नार्थ अमरीका का दूसरा मानचित्र होता। देश की अखंडता के लिए यह कमाल की रणनीति थी। कहा नहीं जा सकता, यह इंटेशनल थी या एक्सीडेण्टल।"

"आपकी बातचीत से मुझे कोक का प्रसंग याद आ रहा है।" शीनी बोली, "1985 में कोला कोला ने जब अपना फार्मूला बदला और कोक क्लासिक बाजार में उतारा तो पूरे विश्व में इसे लेकर तरह-तरह के कयास लगाये गये। किसी ने कहा कि यह कोक का बिक्री बढ़ाने का नया करतब है। किसी ने कहा कि कोक का फॉर्मूला 'लीक' हो गया था, इसलिए कोक के लिए कुछ नया करना जरूरी था। जब कोक से इस बारे में बयान देने को कहा गया तो कोक ने बहुत दिलचस्प जवाब दिया—"वेल वी आर नाट दैट स्मार्ट एंड वी आर नाट दैट स्टुपिड।" यही जवाब कैनेडा के द्विभाषी होने के प्रश्न पर दिया जा सकता है।"

"शीनी तुम तो गज़ब की पोलिटिशियन हो। क्यों नहीं हमारी पार्टी में शामिल जो जाती?"

"आइडिया बुरा नहीं है।" अबरोल ने कहा, "जिम का समर्थन मिल जाए तो टिकट भी पा सकती हो।"

अब स्वामीजी के सक्रिय होने की बारी थी। उन्होंने शीनी का हाथ थाम लिया और रेखाओं का अध्ययन करते हुए भविष्यवाणी शुरू कर दी, "सत्ताईस साल की उम्र में तुम चुनाव लड़ोगी। तुम्हारे हाथ में मंत्रीपद हासिल करने का भी योग है। तुम्हारी शादी भारतीय मूल के एक होनहार नवयुवक से होगी। वह शादी के बाद बहुत तरक्की करेगा और यहाँ का नामी उद्योगपति बन जाएगा। दो सन्तानें होंगी। लड़का लॉस एंजिल्स में जा बसेगा और लड़की भारत में। तुम पूरे विश्व का भ्रमण करोगी। लोग तुमसे ईर्ष्या करेंगे।"

"ओ नो स्वामीजी। मैं आपकी तरह नहीं सोचती।" शीनी ने अपना हाथ छुड़ाते हुए कहा। स्वामीजी उसकी हथेली पर अपनी गोरी और भारी अँगुलियाँ फेर रहे थे और उसे गुदगुदी हो रही थी।

"तुम्हारे सोचने न सोचने से क्या होता है? तुम्हारा भाग्य ऐसे ही संकेत दे रहा है।"

"स्वामीजी, मुझे डराइए नहीं। मैं अपनी तरह से ज़िन्दा रहना चाहती हूँ। पॉलिटिक्स इज़ नॉट माई कप ऑफ टी।"

"फ्रेन्च और अंग्रेजी में से तुम्हें कौन-सी भाषा पसन्द है?" जिम अंग्रेजी फ्रांसीसी सम्बन्धों के बारे में नयी पीढ़ी के विचार जानना चाहता था।

"यकीनन, अंग्रेजी। मगर इससे भी इंकार नहीं किया जा सकता कि जो ग्लैमर फ्रेन्च में है, वह अंग्रेजी में नहीं।" शीनी ने कहा, "लड़कपन में मैं फ्रांस में जा बसने की सोचा करती थी।"

"तुमने कैसे मान लिया कि तुम्हारा लड़कपन गुजर चुका है।" जिम ने फ्रांसीसी में कहा, "मैं तो लड़कपन को जीवन का सुन्दरतम हिस्सा मानता हूँ। क्या फ्रांस में जा बसने के बारे में अब भी सोचती हो?"

"नहीं, अब मैं किसी छोटे शहर में बसना पसन्द करूँगी।"

"आई थिंक, वी आल नो, देयर इज़ ए स्मॉल टाउन इन ईच आव अस।"

मेज पर सूप और सलाद परसे जा रहे थे। लोगों ने टूँगना शुरू कर दिया था। स्वामीजी के सामने चाँदी के एक बड़े से कटोरे में फलाहार आ गया था। चाँदी का ही छुरी-काँटा था। कैनेडा में पपीता देखकर स्वामीजी की भूख चमक उठी। उन्होंने काँटे से अंगूर उठाने की मशक्कत शुरू कर दी, मगर अंगूर बहुत चंचल था। काँटे का स्पर्श पाते ही मचल उठता। थोड़ी देर में वह इस निष्कर्ष पर पहुँचे कि वह पपीते के अलावा काँटे से कुछ भी न खा सकेंगे। उन्होंने अपनी मोटी गर्दन घुमाकर चारों तरफ का जायजा लिया, लोग खटाखट छुरी-काँटे का इस्तेमाल कर रहे थे। जिम के सामने

कई तरह के सलाद परोसे गये थे, मगर वह चुपचाप जूस पी रहा था, शीनी भी सूप पी रही थी। स्वामीजी ने खोज निकाला, उनके सामने भी जूस का गिलास रखा था। उन्होंने फ्रूट सलाद से उलझना बन्द किया और एक ही घूँट में संतरे का जूस उदरस्थ कर लिया। शीनी को लगा कि स्वामीजी को जूस पसन्द आया है। उसने बैरे को बुलाकर हिदायत दी कि स्वामीजी के लिए और जूस लाये। स्वामीजी शीनी के सिर पर हाथ फेरते हुए आशीर्वाद देने लगे। बोले, "बिटिया बहुत समझदार है, उड़ती चिड़िया को पहचान लेती है।"

स्वामीजी को फलाहार करते हुए आभास हुआ कि इस गोरे को फलाहार का महत्त्व बताना चाहिए। हजारों प्रवासी भारतीय इसके मतदाता हैं, उसे मालूम रहना चाहिए कि नवरात्रि के दौरान लोग फलाहार क्यों करते हैं? उन्होंने शीनी से कहा कि वह उनके प्रवचनों का अंग्रेजी में अनुवाद करती जाए।

शीनी की न नवरात्रि में दिलचस्पी थी न फलाहार में। उसने फ्रेन्च में जिम को अपनी समस्या बतायी और बोली, "इससे कहीं अच्छा है हम लोग फ्रेन्च बोलने का अभ्यास कर लें।"

जिम ने शीनी की बात का न तो समर्थन किया और न ही विरोध। वह राजनीतिक व्यक्ति था, स्वामीजी के शिष्य समुदाय के राजनीतिक महत्त्व को समझता था। उसने मुस्कराकर स्वामीजी की तरफ देखा और ऐसा अभिनय करने लगा जैसे स्वामीजी बहुत ही अमूल्य गुरुमंत्र उसे दे रहे हैं और जिसे पाकर वह बहुत धन्य अनुभव कर रहा है। जिम स्वामीजी की तरफ देखकर सिर हिला रहा था, जबकि शीनी उसे अपने पेरिस के संस्मरण सुना रही थी। क्युबेक की भी बहुत-सी बातें उसे याद आ रही थीं। वह सचमुच कैनेडा का पेरिस है। गिरजाघरों को देखते हुए कैसे उसने घोड़ाबग्घी में पूरी शाम बितायी थी। ला कैरावला नाम का छोटा-सा रेस्तराँ वह आज भी नहीं भूली जहाँ उसने नफासत से परोसा गया लज़ीज खाना खाया था। रात को घोड़ागाड़ी पर चलते हुए परीलोक का आभास होता था। उसने उगते सूरज को भी देखा था, वे सिन्दूरी सुबहें फिर देखने को न मिलीं। प्यार की धुन भी सुनी थी और अपना पोर्ट्रेट भी बनवाया था। वहाँ की खामोश नदी देखते-देखते दो महीनों में बर्फ की सिल की तरह जिम गयी थी।

जिम स्वामीजी और शीनी की तरफ देखकर आभास दे रहा था कि वह दोनों को सुन रहा है। उसने अपनी सेक्रेटरी को बुलाकर कहा कि वह शीनी और स्वामीजी का पता और कॉन्टेक्ट नम्बर नोट कर ले। उसने दोनों को अपना विजिटिंग कार्ड भी दिया, जो वह बहुत कम लोगों को देता था।

टेलीफोन की घंटी बजी तो माँ बेटी दोनों उसकी ओर लपकीं। बाहरी दुनिया से सिर्फ टेलीफोन से सम्पर्क साधा जा सकता था। टेलीफोन ने आज ऐसी चुप्पी साध रखी थी जैसे मौनव्रत पर चला गया हो। नेहा कई बार रिसीवर उठाकर डायल टोन चैक कर चुकी थी। टेलीफोन की घंटी से जैसे घर में जीवन लौट आया था। जब तक नेहा रिसीवर कान तक ले गयी, लाइन कट गयी। वही भुतहा वातावरण पुनर्जीवित हो गया। लगा जैसे किसी बियाबान में किसी पक्षी की कूक उठी हो और अचानक गहरे खड्ड में जा गिरी हो। दोनों महिलाओं को घोर निराशा हुई।

''माँ डैड पैंतालीस बरसों से कैनेडा में हैं, कैनेडा के मौसम के हर तेवर को देख चुके हैं। जाने उन्होंने बर्फ के ऐसे कितने तूफान झेले होंगे। उन्होंने कई बार तूफान में घिरे लोगों को बचाया है। तुम अनुपात से ज्यादा चिन्तित हो रही हो। डैड पर नहीं तो ईश्वर पर भरोसा रखो।''

''जाने मुझे क्यों बुरे खयाल ही आते हैं। मैं हमेशा कृष्ण पक्ष ही देखती हूँ। यह गलत है, मैं जानती हूँ। मगर लाचार हूँ, अपनी इस बुरी आदत से।''

''तुम तो डैड के साथ कई बार तूफान में फँस चुकी हो। एक बार तो तुम लोगों की गैस खत्म हो गयी थी। गाड़ी से निकलकर भागते हुए तुम्हारी बाँहों पर फ्रास्टबाइट आ गये थे।''

''मगर आज वह अकेले हैं।''

''तूफान भी तो उतना विकराल नहीं। फोन कट-कट जा रहा है जरूर डैड का होगा।''

नेहा की बात शील को तर्कसंगत लगी। उसे याद आया जब वह कैनेडा आयी थी तो हरदयाल ने दस दिन की छुट्टी ले ली थी और वे लोग छुट्टी मनाने वैंकूवर गये थे। एक तरह से वह उसके हनीमून का ही विस्तार था। हरदयाल के चचेरे भाई का वहाँ टिम्बर का कारोबार था, उसी ने डाकबंगले का इन्तज़ाम किया था। चारों ओर पहाड़ियों से घिरा एक आलीशान बंगला था। रात को अचानक बर्फ का बहुत तेज तूफान आया। सुबह पर्दा उठाकर बाहर देखा तो पहाड़ियों पर बर्फ की गहरी परत जम चुकी थी। देखकर लगता था जैसे इस बर्फ को पिघलने में सदियाँ लग जाएँगी। प्रकृति का ऐसा धवल श्वेत रूप शील ने बाद में नहीं देखा। सब जंगली जानवर पहाड़ों

से नीचे तराई में उतर आये थे।

शील ने नेहा को बताना शुरू किया, "हम लोग खिड़की का पर्दा उठाकर देखते तो लगता पहाड़ों ने खड़िया पोत ली है। मैंने ज़िन्दगी में पहली बार हिमपात देखा था। तुम्हारे डैड मुझे डराते कि अब यह तूफानी हिमपात महीनों चलेगा। मैं नासमझ थी, रोने लगती। रसोई में दस दिन का प्रोविजन भी न था। बाहर झाँककर देखती तो लगता, यह सच ही तो कह रहे हैं। सूरजमुखी के फूल बर्फ के फूलों में तब्दील हो गये थे, बादाम के पेड़ों पर बर्फ की मोटी परत चढ़ गयी थी।

"सुबह मैं चाय बनाने रसोई में गयी तो देखा बर्फ से ढका एक काला भालू रसोईघर की खिड़की के काँच को चाट रहा था। मेरी तो चीख निकल गयी। वह शायद बहुत भूखा था, वह टकटकी लगाये मेरी तरफ ऐसे देखने लगा, जैसे कच्चा चबा जाएगा। भूख, गुस्से और जाड़े से उसकी आँखों में जैसे खून उतर आया था। तुम्हारे डैड दौड़ते हुए चले आये। मुझे जैसे अपनी सुरक्षा में ले लिया। भीतर जाकर पुलिस को फोन मिलाया।

"हमें क्या करना चाहिए?" तुम्हारे डैड ने पूछा।

"अच्छा तो यही है, आप कुछ न करें।" पुलिस ने कहा, "बट वाट एवर यू डू, डोण्ट फीड इट। ऐ फेड बेयर इज ए डेड बेयर।"

हम दोनों रसोईघर में ही कुर्सियाँ डालकर बैठ गये। भालू की नज़रें हम लोगों पर टिकी थीं।

"ज्यादा समय नहीं बीता कि पुलिस और टीवी की टीमें आ पहुँचीं। भालू इन लोगों को चकमा देकर कहीं गायब हो गया। दिनभर अफ़रा-तफरी मची रही।"

तभी टेलीफोन का मौनव्रत टूटा। शील अपनी बात बीच में छोड़ टेलीफोन की तरफ लपकी। लेकिन रिसीवर नेहा ने उठाया। सुस्त और मृत वातावरण सजीव हो उठा।

"हाई डैड। आप ठीक तो हैं।"

"एकदम। मैं ज्यादा दूर भी नहीं हूँ। एक फार्महाउस में पनाह मिली, मगर वहाँ फोनवाला रूम बन्द था। तुमने बहुत अच्छा किया जो पुलिस को खबर कर दी, वर्ना रातभर सम्पर्क न हो पाता। मैं जल्द ही पहुँच रहा हूँ। रास्ता साफ करने के लिए स्नोकटर लगा दिये गये हैं। ज़रा माँ को फोन दो।"

"शील मैं ठीक हूँ और सड़क क्लियर होते ही आता हूँ।"

"कहाँ चले गये थे?"

"सुनोगी तो हँसोगी। मैं काली गैया और काले कौव्वों की तलाश में निकला

था। अब सोचता हूँ, यहाँ रहना है तो अपना रवैया बदलना होगा। वरना हम लोग बेमौत मारे जाएँगे। मैं तबसे यही सोच रहा था। अच्छा मिलते हैं।''

शील ने रिसीवर रख दिया।

''क्या कह रहे थे डैड?''

''कह रहे थे, हमें बदलना होगा, वरना मर जाएँगे।''

''ठीक ही तो कह रहे थे।'' नेहा ने कहा, ''हमारे पड़ोस में कैथरीन रहती है। पति को मरे तीन साल हो चुके हैं। अभी पिछले महीने उसने एक बच्ची को जन्म दिया है। कौन ऐसा नगर उपनगर होगा, जहाँ कुँआरी माताएँ न हों। हम लोग अपने नैतिक मूल्य इस समाज पर कैसे थोप सकते हैं? माँ तुम यकीन न करोगी, यहाँ के स्कूल के बाथरूम्स में कंडोम रखे रहते हैं।''

''प्रचार के लिए रखे रहते होंगे।''

''नहीं माँ, इस्तेमाल के लिए। एड्स से बचाव के लिए।''

हरदयाल ने निक को भी फोन कर दिया था। निक ने नेहा को फोन पर जानकारी दी और बताया कि बच्चे आज उसी के पास हैं। सोमवार तक रहेंगे। मॉम को बताना कि अगले सप्ताह वह एडमाँटन आएगा, अगर तलाक का मसला हल हो गया। वैसे उम्मीद है, इसी सप्ताह वह शीनी से मुक्त हो जाएगा।

नेहा ने माँ को इसकी जानकारी दी।

यह सोचकर शील का जी कच्चा होने लगा कि शीनी की शादी बचाने के लिए कैसे हरदयाल मारे-मारे फिर रहे हैं। कहीं काली गाय खोज रहे हैं तो कहीं काले कौए। वह स्वयं अब तक सैकड़ों बार ब्रह्मा, विष्णु और महेश आदि प्रातः स्मरणीय देवताओं की उपासना के मंत्रों का पाठ कर चुकी है। हर संकट में ये मंत्र ही इस परदेस में उसका साथ देते रहे हैं। हालाँकि भीतर ही भीतर हरदयाल और शील दोनों ही कहीं न कहीं जानते थे कि कौए, गैया और मंत्र इस शादी को न बचा पाएँगे, फिर भी एक फीकी-सी आशा और विश्वास के नन्हे-से तिनके का सहारा बना रहता है। आज फोन पर हरदयाल का रुख नर्म था। शील को लगा कि हरदयाल ने हार मानकर परिस्थितियों से समझौता कर लिया है।

शील को वह निर्णायक दिन याद आ गया जब वे लोग किसी विवाह समारोह से लौटे थे और घर के बाहर निक की कार खड़ी थी। न हरदयाल और न शील ही उस कार को पहचानती थी। हरदयाल ने कन्धे उचकाकर शील से पूछा कि किसकी गाड़ी हो सकती है। शील ने मुँह बिचकाकर अनभिज्ञता जाहिर की।

वे लोग भीतर पहुँचे तो देखा रसोई में खटपट हो रही थी। दोनों लड़कियाँ रसोई

में थीं। एक गोरा कड़ाही में कुछ भून रहा था। दोनों लड़कियाँ बहुत दिलचस्पी से उसे काम करते हुए देख रही थीं।

माँ को देखकर शीनी ने अत्यन्त उत्साह से बताया, "मॉम, आज निक हम लोगों के लिए खाना पका रहा है।"

नेहा ने एक किताब लहराते हुए बताया कि निक अपने साथ एक किताब भी लाया है—"कुकिंग, द पंजाबी वे। हम लोग उसे असिस्ट कर रहे हैं और दौड़-दौड़कर सामान मुहैया करा रही हैं।"

तभी शीनी की निगाह हरदयाल पर गयी और बोली, "डैड, यह निक है। निक मीट माई फादर। मेरी माँ से तुम मिल चुके हो।"

निक के हाथ में स्पेटुला था, "उसने आगे बढ़कर अपनी कुहनी से हरदयाल का घुटना छुआ और बोला, "मैं आज आपको आपके ही मुल्क का खाना खिलाऊँगा।"

"माँ, निक चाईनीज भी लाजवाब बनाता है।" शीनी ने कहा। उसे इस बात की कोई फिक्र नहीं थी कि उसके माँ-बाप निक की उपस्थिति में असहज हो रहे हैं या नहीं। हरदयाल ने निक को रसोईघर में बेतकल्लुफी से करछुल चलाते देखा तो उसे गहरा आघात लगा। निक जब उसके घुटने पर झुका था तो उसकी तीव्र इच्छा हुई कि घुटने से ही उसकी नाक पर प्रहार कर दे, मगर उसे लगा कि शिष्टता का यही तकाजा है कि वह अपने पर नियंत्रण रखे। क्रोध और अपमान से उसके घुटने में कम्पन होने लगा, वह बगैर कुछ बोले और किसी की तरफ देखे अपने कमरे की ओर बढ़ गया था। हरदयाल का मूड देखकर शील भी अस्त-व्यस्त हो गयी और हरदयाल के पीछे-पीछे कमरे में आ गयी। हरदयाल बहुत व्याकुल नज़र आ रहा था और टकटकी लगाकर दीवार की तरफ देख रहा था।

"यह लड़की तो हमारी नाक कटवाकर दम लेगी।" शील ने कहा।

"सोचता हूँ, सब कुछ छोड़छाड़ कर अपने देश लौट जाएँ।"

"यह सिरमुन्नी तो लौटने से भी इंकार कर देगी।"

"मैं अपनी बिरादरी में क्या मुँह दिखाऊँगा। इसकी हिम्मत कैसे पड़ी, एक अजनबी को घर बुलाने की। तुम्हारी शह के बगैर यह मुमकिन नहीं था।"

"मेरे ऊपर गुस्सा निकालना सबसे आसान है।"

"पिछली बार जब आया था तो तुम्हें कैटेगोरिकली शीनी से कह देना चाहिए था कि वह दुबारा इस घर में कदम रखने का दुःसाहस न करे।"

"मैंने कहा था। उसने बहुत बेशर्मी से जवाब दिया कि उसे अपने दोस्तों को बुलाने का पूरा हक है।"

"अभी जाओ और जाकर दो टूक शब्दों में गोरे से कह दो कि वह चला जाए।"

''तुम क्यों नहीं कह सकते? तुम घर के मुखिया हो। हर अप्रिय काम मुझसे ही लेना चाहते हो।''

''मैं जाऊँगा तो बात बहुत बढ़ जाएगी। पुलिस केस हो जाएगा।''

''तुम्हीं क्यों नहीं पुलिस को सूचित कर देते कि घर में एक ट्रेसपासर घुस आया है।''

''तुम्हारी लड़कियाँ उसी का साथ देंगी।''

''जब वह चला जाए तो अपनी लड़की को समझाना।''

''मैं उस बदतमीज़ की सूरत भी नहीं देखना चाहता। मेरे साथ भी जुबान लड़ाने लगी तो हमेशा के लिए संवाद खत्म हो जाएगा।''

''किसी दोस्त यार की सलाह ले लो। अबरोल से बात करो। देखो, वह क्या मश्वरा देते हैं।''

''वह तो सबको यही सलाह देता है कि जहाँ रहो, वहीं के होकर रहो। वह तो हर रविवार को चर्च भी जाता है। उसका कोई दीन-ईमान नहीं रह गया।''

''तुम तो बता रहे थे, वह शिव मन्दिर का भी ट्रस्टी है।''

''वह गुरुद्वारा कमेटी का भी पदाधिकारी है। उसके कोई लड़की नहीं है इसलिए छुट्टा घूमता है।''

तभी शीनी भागते हुए कमरे में घुसी, ''मम्मी डैडी, लंच इज़ रेडी, प्लीज कम सून। निक इज लेइंग द टेबिल।''

वे लोग शीनी से कुछ कहते, वह इससे पहले ही वहाँ से चली गयी। डाइनिंग रूम में बच्चों के चीखने-चिल्लाने और शोर मचाने की आवाजें आ रही थीं। शीनी को इस बात की जैसे चिन्ता न थी न परवाह कि निक के आने से उसके माता-पिता कितने क्षुब्ध हैं।

''क्या कहते हो?'' शील ने डरते-डरते पूछा।

''क्या बताऊँ?'' हरदयाल बोला, ''कितनी निष्पाप और मासूम लग रही थी शीनी।''

''वह तो है ही।''

''फिर मुँह फुलाकर क्यों बैठी हो?''

''भविष्य से डरती हूँ।''

''कल किसने देखा है?'' हरदयाल फिलासफराना अन्दाज़ में बोला, ''कई बार सोचता हूँ कुएँ के मेढक की तरह पड़े रहे तो पागल हो जाएँगे। यहाँ के तौर-तरीके रास नहीं आते। हम लोग न वहाँ के रहे और न यहाँ के।''

''मैं तो अपने को वहीं का पाती हूँ। आदमी अपनी जड़ों से कैसे अलग हो

सकता है?"

"मुझे तो लगता है आदमी जहाँ रहता है, वहीं उसकी जड़ें विस्तार पाने लगती हैं। पंजाब जाता हूँ तो वहाँ अपने को अजनबी पाता हूँ। जो पंजाब मैं छोड़कर आया था, वहाँ जाकर उसे ही ढूँढ़ता रहता हूँ। वहाँ अब न वह पंजाब है और न वे लोग, सब मरमुर गये। लोग अपनी जड़ों की बात करते हैं, मुझे अपनी जड़ों के बारे में सोचकर दहशत होती है। वहाँ की स्मृतियाँ यहाँ से देखने पर सुहानी लगती हैं, वहाँ जाकर डरावनी।"

"आज आप कैसी बहकी-बहकी बातें कर रहे हैं। आपकी तबीयत तो ठीक है न?"

"तबीयत मेरी को कुछ नहीं हुआ। सच तो यह है, मैं न तो वहाँ लौटना चाहता हूँ और न यहाँ के माहौल में खप पा रहा हूँ।"

"सब कर्मों का खेल है।" शील ने पिटी-पिटायी बात की।

तभी नेहा ने आवाज़ दी कि खाना ठंडा हो रहा है। उत्तर नहीं मिला तो वह धड़धड़ाती हुई कमरे में चली गयी, "डैड बी क्विक, निक पूड़ियाँ छान रहा है।"

हरदयाल ने अत्यन्त क्रोधपूर्वक नेहा की तरफ देखा और बोला, "मैं उस हरामज़ादे गोरे के हाथ का बना खाना नहीं खाऊँगा। मेरी नज़र में तमाम गोरे कोढ़ी हैं। मैं इनसे नफरत करता हूँ।"

"ओ गॉड!" नेहा ने अपना सिर पीट लिया, "आपको इस मुल्क में रहने का कोई हक नहीं है। आप इसी क्षण वहीं लौट जाइए जहाँ से आये थे।"

वह बेज़ार होकर सुस्त कदमों से लौट गयी। नेहा लौट गयी तो हरदयाल को अपने व्यवहार पर खेद होने लगा। उसे अफसोस हुआ कि उसने अशोभनीय भाषा का प्रयोग किया था।

तभी निक चला आया, "डैड, दिस इज़ वैरी अनफेयर। मैंने दिनभर की मशक्कत के बाद आपके देश का खाना बनाया है। मुझसे कोई गलती हो गयी हो तो क्षमा कर दीजिए। आइए चखकर बताइए, खाना कैसा बना है? उठिए, उठिए, गुस्सा थूक दीजिए।"

निक ने शील को बाँहों पर उठा लिया, "आपको तो मैं अभी डाइनिंग चेयर पर रख आता हूँ। डैड आप भी न बच पायेंगे, चुपचाप, अपने आप चले आइए, वर्ना आपका भी यही हश्र होगा।"

"छोड़ो छोड़ो, मैं आती हूँ।" शील ने हरदयाल की तरफ बेचारगी से देखते हुए कहा, "आपका अपना बेटा भी इतना आग्रह न करता।"

हरदयाल ने जैसे सचमुच गुस्सा थूक दिया और सुस्त कदमों से शील के पीछे

चल दिया।

खाना वाकई टेबिल पर लग चुका था। निक ने गले में एप्रिन पहना हुआ था और सिर पर बड़ी-सी टोपी पहन रखी थी।

''आज का मैनू है—पूड़ी और छोले। छोले पंजाब का राष्ट्रीय व्यंजन है। साथ में है लस्सी। पंजाब में लस्सी बियर से भी ज्यादा लोकप्रिय है। लस्सी के ऊपर मलाई की मोटी परत डाली गयी है। प्याज़ चाकू से नहीं काटा गया, बल्कि मुट्ठी मारकर तोड़ा गया है। काटने से प्याज़ का जूस निकल जाता है, इसलिए पंजाबी लोग मुट्ठी से फोड़ा गया प्याज़ खाना पसन्द करते हैं।''

हरदयाल ने देखा भोजन बहुत सुरुचिपूर्ण ढंग से परोसा गया था। खाना ठीक से परोसा गया हो तो भूख चमक जाती है, यह हरदयाल का अनुभव था। उसने अपनी थाली में खाना परोसा। चने के ऊपर हरी मिर्च सजायी गयी थी, उसने चने इस तरह परोसे कि हरी मिर्च भी उसकी प्लेट में आ गयी।

हरदयाल ने एक कौर तोड़ा और छोले के साथ मुँह में रख लिया। विशिष्ट पंजाबी स्वाद था। कौर के साथ ही उसने हरी मिर्च उठाकर दाँत से कुतर ली। पूड़ी भी बहुत खस्ता बनी थी, कचौड़ी की तरह। हरदयाल ने जल्दी से एक और कौर निगला और बोला, ''यार तुम निक हो या निक्का सिंह।''

शीनी ने उसे निक्का सिंह का अभिप्राय समझाया।

हरदयाल के मुँह से बेसाख्ता तारीफ़ निकल गयी थी, अब उसे खेद हो रहा था।

''यस डैड, फ्राम टुडे आनवर्ड माई नेम इज़ निक्का सिंह द ग्रेट।''

शील ने जब हरदयाल को तारीफ करते सुना तो आश्वस्त हो गयी। बोली, ''शीनी के पापा ने तारीफ कर दी तो समझ लो कि तुमने पहाड़ फतेह कर लिया। किसी चीज़ की तारीफ़ करना उनके स्वभाव में ही नहीं है।''

''निक्का सिंह अब तुम्हीं बताओ की कौन सही है? डैड का तो उसूल है कि कद्रदाँ की कमी नहीं अकबर करे तो कोई कमाल पैदा।'' नेहा बोली। वह अकबर इलाहाबादी के इस शेर को बचपने से सुन रही थी।

''भई बहुत अच्छे बने हैं छोले। और बताओ, इमली तुम्हें कहाँ से मिल गयी?''

निक रसोई से एक कंटेनर उठा लाया, दिखाते हुए बोला, ''यहाँ से।''

''मुझे भी याद नहीं था कि घर में इमली है।''

''मैं तो इसकी शक्ल भी नहीं जानता था। मैंने शीनी से कहा, टेमरिंड ढूँढ़ो, जरूर मिलेगी। मैंने सुन रखा है पंजाबी मसाले और गंगा जल हर पंजाबी के घर में मिल जाता है। आपके घर में दोनों हैं।'' वह फिर रसोई में घुस गया और गंगा जल

की बोतल उठा लाया।

"निक्का सिंह, अब तुम भी भोजन कर लो।" शील ने कहा, "मज़ा आ गया भोजन करके।"

निक आया और शील को बाँहों में भर लिया। वह बोसा लेते हुए बोला, "थैंक्यू मॉम। मेरी मेहनत बेकार नहीं गयी, वर्ना मैं डर रहा था, कहीं फेल न हो जाऊँ।"

"खसमखाना, गल गल ते चुम्मी लै लेंदा।" शील ने कहा, "शीनी सबसे पहले तो इसकी यह गन्दी आदत छुड़वाओ।"

"माँ हर किस्सी के पीछे सेक्स नहीं होता। कई बार मुझे लगता है हिन्दुस्तानी तो फ्रायड के भी बाप होते हैं।"

"कैसे कैंची की तरह जुबान चलाती हो। तुम्हें न बाप की शर्म रह गयी है न माँ की।"

शीनी जाकर माँ से लिपट गयी। वह इस समय कोई तमाशा खड़ा नहीं करना चाहती थी।

"अगर यह पंजाब का ज़ायका है तो पंजाब एक लाजवाब जगह है।" निक बोला।

हरदयाल की इच्छा हो रही थी कि कह दे, पंजाब दा जवाब नहीं, मगर वह चुप रहा।

निक बोला, "एक दिन मैं आप लोगों के साथ पंजाब जाऊँगा। वहाँ से भाँगड़ा सीखकर लौटूँगा। बल्ले बल्ले। टरबन बाँधना सीखूँगा। मैं जितना पंजाब के बारे में पढ़ता हूँ या सुनता हूँ, उतना ही पंजाब से आब्सैस्ड रहता हूँ।"

"यह कैसे हुआ?" शीनी ने पूछा।

"मुझे पंजाबी कुड़ियों ने बहुत प्रभावित किया है। मेरी एक मित्र थी, विक्टोरिया। उसका बाप पंजाबी है और माँ कैनेडियन। पंजाब से लौटकर उसका कायाकल्प हो गया। शलवार कमीज पहनने लगी। सिर पर चुनरी ओढ़े रहती थी। मैंने विक्टोरिया से पूछा, विक्टोरिया तुम्हारी तो धजा ही बदल गयी, तुम्हें क्या हो गया?"

"मुझे पंजाब हो गया। दो महीने वहाँ रही। एक सिक्ख लड़के से प्यार भी हो गया था। मैं शादी करना चाहती थी। माँ ने शादी नहीं होने दी। बोली, तुम अभी नासमझ हो। समझदार होते ही वह पंजाब लौट गयी और रछपाल सिंह से शादी रचा ली।"

हरदयाल को लग रहा था, लड़का बहुत वाचाल और चालाक है। उसने पूड़ी उठाने के लिए हाथ बढ़ाया तो निक ने चिमटे से पूड़ी उठाकर उसकी थाली में रख दी। निक के खुद भी भरपेट भोजन किया।

सबको खिला-पिलाकर निक ने विदा ली। लड़कियाँ उसे बाहर तक छोड़ आयीं। जब तक निक की गाड़ी स्टार्ट होने की आवाज़ आती हरदयाल उठकर कमरे में चला गया, शील भी पीछे-पीछे चल दी।

लड़कियाँ धड़ाधड़ाती हुई कमरे में घुस आयीं, "मॉम कैसा था निक?"

"बहुत बोलता है।" जवाब हरदयाल ने दिया।

"आप लोगों से संवाद करने के चक्कर में कुछ ज्यादा बोल रहा था। वैसे बहुत रिज़र्व रहता है।"

"डैड, खाना कैसा था?"

"एक गैर भारतीय ने बनाया था, इस लिहाज से ठीक था।" हरदयाल बोला।

"मॉम निक का एक कजिन है—डासन। उसके पास अपना विमान है। निक ने कहा कि इस बार डासन आया तो वह अपने भाई के एट सीटर विमान में हम लोगों को नियाग्रा फाल ले जाएगा।"

"इसका बाप क्या करता है?"

"कैनेडा में कई जगह इनके फार्म हैं। फ़लों के निर्यात का कारोबार है। निक रियल एस्टेट बिजनेस में जाना चाहता है।" शीनी ने बताया।

हरदयाल को निक के बारे में बात करने में असुविधा हो रही थी। उसने शील से कहा, "एक कप चाय बना दो, मेरे सिर में दर्द हो रहा है।"

"डैड सिर दबा दूँ।" शीनी ने पूछा।

"नहीं।" हरदयाल ने संक्षिप्त-सा उत्तर दिया और बिस्तर पर लेटकर करवट बदल ली।

शील चाय बनाने रसोई में घुस गयी और दोनों लड़कियाँ अपने-अपने कमरों में।

घर के सामने गाड़ियाँ रुकने की आवाज़ आयी तो नेहा और शील अपने-अपने कमरों से निकलकर भागीं। कॉलबेल बजती, इससे पूर्व ही नेहा ने दरवाजा खोल दिया और सामने अपने डैड को देखकर उनसे लिपट गयी और उनके विण्डचीटर में सिर घुसा कर सुबकने लगी। वह अपने डैड के बारे में जाने क्या-क्या सोच गयी थी।

उसे वे क्षण बार-बार याद आ रहे थे जब वह अपने डैड के साथ बी.सी. (ब्रिटिश कोलम्बिया) गयी हुई थी। भूस्खलन में दो सौ अस्सी फीट स्लैब गिरने से लगभग दो मील लम्बी सड़क दब गयी थी। नयी सड़क बन गयी तो लोग दुर्घटना स्थल को देखने जाने लगे। वह एक पार्किंग स्थल था। बीसियों गाड़ियाँ और उन गाड़ियों में बैठे लोग ऐसे दफन हुए कि उनका कुछ पता ही न चला। जो लोग उस मनहूस दिन उस सड़क पर टहलकदमी कर रहे थे उनके बचने का तो सवाल ही नहीं उठता था। नेहा ने डैड से पूछा था कि क्या कोई आदमी जिन्दा मिला था तो डैड ने बताया मुर्दा भी नहीं मिला था। और न मिलने की उम्मीद है। अब वे लोग पहाड़ का हिस्सा हैं, प्रलय तक वे बर्फ के पत्थरों के नीचे बैठे रहेंगे। उनकी हड्डियाँ भी बर्फ के पत्थरों में तब्दील हो जाएँगी। यह सुनकर नेहा को बहुत डर लग रहा था।

डैड के बर्फ के तूफान में घिरने की कल्पना मात्र से नेहा की आँखों के सामने बी. सी. की वह सड़क कौंध जाती। एक क्षण को उसे लगा था कि डैड हमेशा के लिए इस बर्फ के तूफान में समा गये हैं और प्रलय तक बर्फ के पहाड़ के नीचे फ़ासिल बन चुके होंगे। अब डैड को सामने पाकर उसकी खुशी का ठिकाना न था। हरदयाल को अपने सामने सही-सलामत देखकर शील की आँखें भावातिरेक से नम हो गयीं।

हरदयाल के साथ दो पुलिसकर्मी थे। हरदयाल जितना थका हुआ लग रहा था, वे उतने ही तरोताज़ा नज़र आ रहे थे। पुलिसकर्मियों ने विदा माँगी तो हरदयाल ने कहा, "एक कप चाय पीकर जाएँ।"

"चाय नहीं, थोड़ी ब्रांडी ले सकते हैं।" एक पुलिसकर्मी ने कहा। शील ने देखा, वह हिन्दुस्तानी था।

"आप कहाँ को बिलांग करते हैं?" हरदयाल ने पूछा।

"मैं तो यहीं पैदा हुआ था। मेरे माता-पिता जरूर होशियारपुर से आये थे।"

"तब तो आप इन तूफानों के आदी होंगे?"

"मेरा जन्म ही तूफान के दौरान हुआ था।" पुलिसकर्मी, जिसने अपना नाम

ओमप्रकाश ढींगरा बताया, बोला।

"आइए, भीतर पधारिए।" हरदयाल भीतर जाकर एक सोफे में धँस गया। दोनों पुलिसकर्मी सामने के सोफे पर बैठ गये। उनके साथ एक ट्रक भी आया था, जिसमें कुछ मजदूर और बर्फ हटाने के उपकरण थे। उन लोगों ने ट्रक को अगली जगह रवाना कर दिया था।

ओमप्रकाश ढींगरा ने अपनी बात जारी रखी, "मेरे जन्म के समय ऐसा आँधी-तूफान आया था कि अस्पताल से एम्बुलेंस भी घर तक न पहुँच पायी। हम लोग तब ओंटेरियो में थे। पूरे शहर के ऊपर बर्फ की मोटी परतें जम गयी थीं। पड़ोस में एक नर्स रहती थी, वह भी बहुत मुश्किल से पहुँच पायी।"

"तब तो आपका नाम तूफान प्रकाश ढींगरा रखना चाहिए था।" हरदयाल ने दोनों पुलिसकर्मियों को एक-एक बड़ा चम्मच कोन्याक परोसते हुए कहा।

तूफान प्रकाश ढींगरा ने एक घूँट भरा और बोला, "मेरे पापा बताया करते थे कि उस बरस इतनी ज्यादा बर्फ गिरी थी कि पेड़ों को देखकर लगता था जैसे वे काँच के हों। तूफानी हवाओं से पेड़ों की शाखाएँ आपस में टकरातीं तो टन-टन की आवाजें आतीं। पापा बताते थे कि बिजली के तार इस प्रकार उलझकर सड़क पर गिरे थे, जैसे किसी ने सिवैयाँ फैला दी हों।"

"आपके पापा क्या राइटर थे?" हरदयाल ने पूछा।

"आप उन्हें जानते हैं?"

"नहीं जानता तो नहीं, ऐसा सजीव वर्णन कोई लेखक ही कर सकता है।"

ढींगरा के साथी ने भी कोन्याक का सिप लिया और बोला, "मेरे दिमाग में भी बर्फ और बर्फीले तूफानों की बहुत-सी स्मृतियाँ हैं। मेरा तो बचपन बर्फ के बीच ही बीता। मुझे याद है हम लोग जनवरी में बर्फ के गोले बनाया करते थे और यह सोचकर गोलों को फ्रीजर में रख देते थे कि अगस्त में इन गोलों से खेला करेंगे।"

"बचपन में हम लोग कंचे खेला करते थे, कंचे यानी काँच की गोलियाँ।" हरदयाल बोला। उसने अनुभव किया कि दोनों बातों में तारतम्य नहीं। दरअसल उसके दिमाग में भी उसका बचपन कौंध गया था। उसने महसूस किया, हिन्दुस्तानी नहीं, दुनिया भर के लोग बचपन को याद करते रहते हैं। जवानी से भी अधिक लोगों को बचपन याद आता है।

दोनों पुलिसकर्मी खड़े हो गये और हरदयाल से जाने की इजाजत माँगी। हरदयाल उन्हें गाड़ी तक छोड़ आया।

खुश्क पत्तों की तरह खबरें और सूचनाएँ भी उड़-उड़कर आती रहती हैं।

पास-पड़ोस से आ सकती हैं या दूरदराज के किसी अलग-थलग पड़े इलाके से। खबरें उड़ते-उड़ते सात समुन्दर पार कर जाती हैं, विश्व की परिक्रमा कर आती हैं। सूचना क्रान्ति के इस दौर में तो हर सूचना हर कहीं उपलब्ध है। जब सूचना तन्त्र का संजाल नहीं फैला था तब सूचनाएँ यात्रा पर निकलती थीं। पता ही नहीं चलता था कि आप ओटावा, कैलगरी, विनिपेग, क्यूबेक सिटी में बैठे हैं अथवा अमृतसर, जालन्धर, लुधियाना या चंडीगढ़ में। इन शहरों की दूरियाँ मिट जाती थीं। आश्चर्य तो तब होता है जब हजारों किलोमीटर के फासले पर बैठा कोई व्यक्ति सहज ही ऐसी बात पूछ बैठता है, जिसे आप दुनिया की नजरों से छिपाकर सात तालों में बन्द रखे हुए थे। हरदयाल को एक दिन ऐसा ही एहसास हुआ जब प्रभुदयाल ने फोन पर शीनी के तलाक को लेकर अफसोस जताया। भाई की बात से वह चौंका जरूर, मगर उसने यह जानने की भी कोशिश नहीं की कि यह खबर प्रभुदयाल तक पहुँची कैसे? इसी तरह एक दिन शील की बहन का भी फोन आ गया।

''बच्चे रुल जाएँगे।'' शील की बहन ने कहा, ''पर बहन यह हुआ कैसे?''

''रोज़-रोज़ की कलह से तो बेहतर है, अलग हो जाना।'' शील ने अत्यन्त संयत स्वर में जवाब दिया था। उसने कलेजे पर पत्थर रखकर यह बात कही थी। रिसीवर रखते ही उसकी आँखों से टप-टप आँसू गिरने लगे। उसे लगा, उसकी बहन ठीक ही तो कह रही थी कि बच्चों की बेकद्री हो जाएगी। दोनों नाती उसकी गोद में ही पले थे। आज भी फोन आता है तो कहते हैं, पहले नानी से बात करेंगे। पिछली बार जब बच्चे आये थे तो शीनी साथ थी। बिल कुछ उद्वेलित नज़र आ रहा था। शील ने उसे प्यार से अपने साथ सटा लिया तो बोला, ''नानी माँ, मुझे आपसे कुछ जरूरी बात करनी है। बहुत दिनों से मुझे एक चीज़ बादर कर रही है।''

''कहो बेटा।''

''यहाँ नहीं, एकान्त में बात करूँगा।''

शील उसे भीतर कमरे में ले गयी। बोली, ''बताओ क्या चीज तुम्हें परेशान कर रही है।''

''नानी, मेरे दिमाग में बहुत-से प्रश्न हैं। मगर यह बात मुझे बहुत परेशान करती है कि आदमी मरकर कहाँ जाता है?''

''बेटा इसका जवाब तो बड़े-बड़े सिद्ध पुरुष भी नहीं दे पाये। किसी ने महात्मा बुद्ध से भी पूछा था कि आत्मा क्या है? उन्होंने कहा, मालूम नहीं। तुम भी ऐसी बातों के बारे में मत सोचा करो। खेलकूद और पढ़ाई में मन लगाओ और खुश रहो।''

''ओके नानी।'' बिल ने कहा, ''जिस सवाल का जवाब ही नहीं है, उस पर समय क्यों नष्ट किया जाए।''

...शील को बच्चों की बहुत तेज याद आयी। उड़ते-उड़ते ही यह ख़बर आयी थी कि शीनी बच्चों के साथ लास एंजेल्स गयी है। साथ में शीनी का एक दोस्त भी गया है।

शील ने नेहा को फोन मिलाया, "नेहा बताओ, बिल्लू से तुम्हारी कब बात हुई थी?"

शील बिल को घर में बिल्लू ही पुकारती थी।

"माँ, कोई पन्द्रह दिन पहले हैरी का फोन आया था कि मॉम उन्हें हॉलीवुड की सैर कराने ले जा रही है। साथ में शीनी का एक दोस्त भी जा रहा है, जो हॉलीवुड का एक जानामाना निर्देशक है।"

हैरी शीनी के बड़े बेटे का नाम था। शील उसे हरी कहती थी।

"निक की कोई खबर है?"

"माँ निक कैलगरी में है। एक दिन किसी अखबार में छपा था, जिस रफ्तार से उसका एम्पायर बढ़ रहा है, उससे लगता है एक दिन वह कैलगरी का सबसे बड़ा बिल्डर होगा।"

शीनी बच्चों को लेकर हॉलीवुड क्यों गयी है, इसका भी एक दिन खुलासा हो गया। अबरोल ने फोन पर हरदयाल को बताया कि उसने हॉलीवुड की एक फिल्म में शीनी को देखा है।

"अबरोल दारू पी रहे हो क्या?"

"यकीन मानो हरदयाल। 'हार्ट आफ ए स्ट्रेंजर' में उसने एक जिप्सी औरत का कैरेक्टर रोल किया है।"

"तुमने शीनी से मिलता-जुलता चेहरा देख लिया होगा।"

"नहीं यार, मैंने क्रैडिट्स में भी उसका नाम देखा है। मैंने टोरोंटो की वे लोकेशन भी देखी हुई हैं, जहाँ इस फिल्म की शूटिंग हुई होगी।"

"अमरीकी फिल्में क्या कैनेडा में बनती हैं?"

"तुम्हें शायद मालूम नहीं, वैंकूवर और टोरोंटो कैलीफोर्निया के फिल्म निर्माताओं की पहली पसन्द हैं। इन शहरों के उपनगर पचास और साठ के दशक के अमरीका के बने-बनाये सेट लगते हैं। अमरीका का चेहरा बहुत तेजी से बदलता है। पचास के दशक के अमरीका का सेट लगाने में मिलियन डॉलर का खर्चा आता है। कैनेडा में शूटिंग करना उन्हें सस्ता पड़ता है।"

"वह कैसे?"

"क्योंकि कैनेडियन डॉलर का तेजी से अवमूल्यन हुआ है। एक्सपोर्ट बढ़ाने के

चक्कर में बहुत से देशों ने अपनी मुद्राओं का अवमूल्यन कर डाला है। सन् 76 में कैनेडियन डॉलर अमरीकी डॉलर से महँगा था और आज वह डूबता हुआ मस्तूल है। तुम्हारी समझ में आ गया होगा, कैनेडा में फिल्म बनाना अमरीकियों को क्यों रास आता है?"

"फिल्म की सीडी है तुम्हारे पास?"

"हाँ है। शाम को लेकर आऊँगा। देख लेना तुम भी अपनी बिटिया को नये रोल में। मैंने शुरू से ही उसे एक असाधारण लड़की माना है।"

शाम को अबरोल और सरोज ने सचमुच फिल्म दिखा दी। शीनी एक जिप्सी गायिका की भूमिका में थी। उसने रंग-बिरंगा मोटा ऊनी लहँगा जम्पर पहन रखा था। माथे पर एक मोटी पट्टी बँधी थी, जिस पर मोटे हरे-पीले मनके टँगे हुए थे। कानों में बड़े-बड़े झुमके थे। गले और बाँहों में भी धातु के ज़ेवर थे।

फिल्म में उसका छोटा-सा रोल था। वह मुश्किल से दस मिनट तक स्क्रीन पर दिखायी दी होगी। उसकी उपस्थिति प्रभावशाली थी। शील ने कहा, "मैं अकेले में फिल्म देखती तो शीनी को पहचान भी न पाती।"

"मैं भी आवाज़ से पहचान पाया।" अबरोल ने बताया।

फिल्म देखकर हरदयाल और शील दोनों उदास हो गये। शीनी का यह रूप निक की दुनिया से मेल नहीं खाता था। हरदयाल को याद आया शीनी ने एक बार कहा था, "डैड, शादी के बाद मैंने निक को कभी कोई किताब पढ़ते नहीं देखा।"

"मैंने इसे पढ़ने के अलावा कोई दूसरा काम करते नहीं देखा।" निक ने जवाब दिया था, "मैं ज़िन्दगी की किताब पढ़ता हूँ। इसके लिए ज़िन्दगी एक लायब्रेरी है, मेरे लिए लैबोरेटरी।"

"लैबोरेटरी नहीं, लेवेटरी।" शीनी ने कहा और वहाँ से हट गयी।

हरदयाल हक्का-बक्का बच्चों की नोंकझोंक सुनता रहा। अब धीरे-धीरे निरर्थक समझे जाने वाले शब्द भी अर्थ ग्रहण कर रहे थे।

"निक ने भी कभी जिक्र नहीं किया कि शीनी की फिल्मों में दिलचस्पी है।" शील बुदबुदायी।

"निक कभी शीनी के बारे में बात ही नहीं करता।"

"बच्चे तो बता सकते थे?'

"लगता है बच्चे भी हम बूढ़ों को आलू का बोरा समझते हैं।" हरदयाल के मुँह का स्वाद कसैला हो गया था...

बहरहाल इस सूचना से हरदयाल और शील दोनों बहुत प्रसन्न और उत्साहित हुए कि निक और बच्चे तीन दिन के लिए उनके साथ छुट्टियाँ मनाने अगले सप्ताह आ रहे हैं। शील बच्चों को लेकर बहुत परेशान रहती थी कि माता-पिता के अलग होते ही बच्चे बहुत अकेले और उपेक्षित हो जाएँगे। अदालत का फैसला था कि बच्चे पन्द्रह दिन पिता और पन्द्रह दिन माँ के साथ रहेंगे। अब तक निक और शीनी मिलकर बच्चों की देखभाल कर लेते थे। शीनी को देर तक सोने की आदत थी, सुबह निक ही बच्चों को नाश्ता कराके स्कूल के लिए रवाना करता। बच्चों के स्कूल के कपड़ों की देखभाल शीनी करती। होमवर्क भी वही कराती। स्कूल से लौटकर बच्चे लंच भी शीनी के साथ ही करते।

निक ने यह सूचना भी दी थी कि वह जनवरी में बच्चों के साथ भारत जाने का कार्यक्रम भी बना रहा है। मूल रूप से यह कार्यक्रम हरदयाल और शील ने ही बनाया था, मगर तब निक और शीनी एक साथ थे। निक और बच्चों के साथ भारत जाने का उनमें अब उत्साह नहीं था। वे अपने रिश्तेदारों को निक का क्या परिचय देंगे? टूटे हुए परिवार के बच्चों पर वहाँ कुछ ज्यादा ही तरस खाया जाता है। हरदयाल दम्पती अभी तक इस बात का समझौता नहीं कर पाये थे कि शीनी ने अपने सयाने बच्चों की परवाह नहीं की और तलाक ले लिया। यही कुछ बिन्दु थे, जिनको लेकर उनके भीतर संग्राम छिड़ा हुआ था।

"शील, ये सब बाद की बातें हैं। फिलहाल हमें बच्चों के बारे में सोचना चाहिए।" हरदयाल ने कहा, "भीतर ही भीतर बच्चे बहुत आहत होंगे। न जाने इस नयी परिस्थिति से समझौता कर पाते हैं या नहीं।"

"यही बात मुझे भी खाये जा रही है कि कौन करेगा बच्चों की देखभाल। बच्चे शीनी के पास रहेंगे तो उन्हें खाली पेट ही स्कूल जाना पड़ेगा। निक के पास रहेंगे तो होमवर्क कौन करायेगा? मुझे तो यह सोच-सोचकर रोना आता रहता है जी।" शील ने कहा और सचमुच आँखें पोंछने लगी।

"यह रोने-धोने का मौका नहीं है। इतने दिनों बाद तेरे नाती आ रहे हैं, उन्हें कुछ खिलाने-पिलाने का इन्तज़ाम करो। हम जब अपनी नानी के यहाँ जाते थे तो वह हमारे लिए नये-नये कपड़े सिलवाती थीं, हमारे लिए खासतौर पर पिन्नियाँ बनाकर खिलाती थीं। हम गाँव से पिन्नियों का कनस्तर लेकर लौटते थे और हमारी माँ स्कूल

के टिफिन में रोज़ एक पिन्नी रख देती थीं।''

''आपने तो मेरे मुँह की बात छीन ली। मैं भी पिन्नियाँ बनाने की सोच रही थी। जनवरी में यहाँ बहुत ठंड हो जाती है। पिन्नियाँ खाएँगे तो शरीर में कुछ ताकत और गर्मी आएगी। घर के लिए भी रख दूँगी कि स्कूल जाते समय टिफिन तैयार न हो तो एक दो पिन्नियाँ ले जाया करें। इसी से मेरा जी राज़ी हो जाएगा। अभी स्टोर खुला होगा, आप मुझे सामान ला दें।''

हरदयाल जूते पहनने लगा, ''बताओ क्या-क्या लाना होगा?''

''तो लिखो—उड़द की दाल, गोंद, बादाम, चीनी, पिस्ते, काजू, जायफल, बड़ी इलायची, केसर वगैरह।''

''वगैरह भी मिलता है क्या?''

''वगैरह से मतलब यह है कि कोई चीज़ छूट गयी हो तो ले लेना। भाग सिंह के स्टोर पर जाओगे तो वह बता देगा। हो सकता है मार्केट में पिन्नी मिक्स मिल जाए।''

हरदयाल सामान ले आया तो पति-पत्नी दोनों पिन्नी बनाने की तैयारी में जुट गये। हरदयाल चीनी पीसने में व्यस्त हो गया और शील ने दाल भिगो दी। अगले दिन सुबह से ही वे लोग पिन्नियाँ बनाने लगे। पूरा घर पिन्नियों की महक से भर गया। काफी देर तक एक्जास्ट चलाने के बाद घर से पिन्नियों की बास निकल पायी। इन घरों में यही एक खराबी थी कि घर में कोई भी पकवान बनाया जाता तो उसकी बास हर कमरे में समा जाती। जो लोग इस तरफ ध्यान नहीं देते, उनके घर में घुसते ही आप बता सकते हैं कि घर में क्या बना है?

बच्चों ने कूदते-फाँदते हुए घर में प्रवेश किया, जैसा बचपन से करते आये थे। निक अभी गाड़ी पार्क कर रहा था कि दोनों बच्चे दौड़े हुए आये और यांत्रिक रूप से नाना-नानी के चरण स्पर्श किये।

बिल्लू बहुत शरारत से बोला, ''नानाजी यह कहाँ तक सही है कि हिन्दुस्तानियों को एक ही स्पर्श प्रिय है और वह है चरण स्पर्श।''

''मैं सोच रहा था कि तुम आओगे तो सबसे पहले तुम्हारे कान उमेठूँगा और तुम हो कि आते ही मुझे ए बी सी डी पढ़ाना शुरू कर दिया।'' हरदयाल बोला, ''इम्तिहान लो, इससे पहले ही बता दूँ कि मुझे ए बी सी डी का फुल फार्म अभी तक याद है—अमेरिका बार्न कन्फ्यूज़्ड देसी। क्यों हो गयी तुम्हारी तसल्ली।''

''इट्स लाइक ए गुड नाना।'' बिल्लू ने पूछा, ''फिल्म देखी?''

''देखी थी, एकदम बोर।'' हरदयाल ने बताया।

वास्तव में, बिल ने 'अमेरिकन देसी' फिल्म देखकर नाना को फोन किया था कि एक ऐसी फिल्म है जो कैनेडा में बसे हर हिन्दुस्तानी को देखनी चाहिए।

"हम लोगों को 'हैदराबाद ब्ल्यूज' और 'बेंड इट लाइक बैकेम' कहीं बेहतर फिल्में लगीं।"

"नानाजी, आप लोग फिल्म नहीं, फिल्म का संगीत ज्यादा पसन्द करते हैं, जो मुझे फिल्म का सबसे वेहूदा पार्ट लगता है। अगर कहीं फिल्म में लेडीज संगीत मिल जाए तो फिर सोने पर सोहागा। मेरा एक हिन्दुस्तानी दोस्त है, उसके घर में हर सप्ताह मानसून वैडिंग का शो होता है।"

निक ने भीतर आते ही खास हिन्दुस्तानी तरीके से हरदयाल और शील को 'पैरी पैना' कहा। हैरी नानी के कमरे में अपने वीडियो गेम्स खोज रहा था।

"बिल, तुम घर में घुसते ही बहस शुरू कर देते हो।" निक बोला, "नानी-नाना क़ो बैठने के लिए नहीं कहोगे?"

"मुझे लगता है बिल घर का सबसे वेल इन्फार्म्ड सदस्य है।"

"माँ पर गया है।" शील बोली।

"मैं जा रहा हूँ चाय बनाने, और कोई पियेगा?" निक ने रसोई की ओर से जाते हुए शील से पूछा, "मेरी वाली ग्रीन लेबल है न?"

"हाँ है। तुम थके आये हो, मैं बना लाती हूँ चाय।"

"आधा कप चाय मैं भी लूँगा।" हरदयाल ने कहा।

"मैं भी।" शील और बिल ने भी साथ-साथ कहा।

बच्चे पहले से अधिक स्वस्थ, बेफिक्र और खिलंदड़े लग रहे थे। हरदयाल और शील यह मानकर चल रहे थे कि बच्चे बहुत उदास, बदहवास और हताश होंगे। सूखकर काँटा हो गये होंगे। शील को तो उनके कपड़ों की भी चिन्ता थी मगर वे पहले से साफ-सुथरे लग रहे थे। उनमें गज़ब का आत्मविश्वास था। शील ने चुपके से सोफे की लकड़ी छुई और बुदबुदायी, "टच वुड।"

निक ट्रे में चाय लेकर आया। शील चाय बनाने लगी। उसने बैठे-बैठे ही हैरी को आवाज़ दी, "हरी तुम चाय पियोगे कि नहीं।"

हैरी कमरे में कूदता हुआ प्रकट हुआ और बोला, "नानी नानी, हम डैड की गर्लफ्रैण्ड से मिलकर आ रहे हैं।"

शील के हाथ काँप गये और चाय प्याले के बाहर फैल गयी।

"दादे मगोना।" शील ने कहा, "कुछ शर्म करो।"

दादे मगोना का अर्थ न शील समझती थी न बच्चे। यह एक स्नेहपूर्ण झिड़की

थी। अक्सर फटकारने के लिए नाना मामा को ही कोसा जाता है, जब नानी का घर हो तो दादा की शामत आ जाती है।

हैरी की बात सुनकर हरदयाल और शील दोनों ने राहत भी महसूस की, जैसे सिर पर लदा वज़न कुछ कम हो गया हो। उन्हें हलकी-सी खुशी भी हुई कि निक उतना अकेला नहीं है जितना वे लोग सोच रहे थे। उन्हें कुछ-कुछ वैसी खुशी हो रही थी जैसे शादी न करने की ज़िद पर अड़ा बेटा अचानक हाँ कर दे।

''मॉम, हैरी ठीक कह रहा है।'' निक ने चाय की चुस्की लेते हुए कहा, ''नैंसी से मिलकर बच्चों ने बहुत हुड़दंग मचाया।''

''कहाँ रहती है?''

''कैलगरी में।'' निक ने जेब में अपना मोबाइल निकाला और नम्बर मिलाते हुए बोला, ''आपकी बात कराऊँ?''

''क्यों नहीं, क्यों नहीं।'' शील हकलाने लगी।

निक नैंसी से बात करते हुए ब्लश कर रहा था।

''डोण्ट ब्लश डैड, यू आर ए ग्रोनअप मैन।'' हैरी ने निक को उलझन में डालने की कोशिश की।

''हाँ, हैरी बदमाशी कर रहा है। कह रहा है डैड तो नैंसी से भी ज्यादा शर्माते हैं।''

हैरी ने निक के हाथ से फोन छीन लिया और बोला, ''नैंसी, डैड सरासर झूठ बोल रहे हैं। मैं ऐसा कैसे कह सकता हूँ? मैं अच्छी तरह जानता हूँ कि आप लोगों की ब्लश करने की उम्र कब की खत्म हो चुकी है।''

निक बिल की तरफ देखते हुए मुस्करा रहा था, जैसे बिल उसका बेटा नहीं राज़दान हो।

''नहीं बेटा, ऐसे नहीं बोलते। इतनी छूट नहीं लेनी चाहिए।'' शील ने हैरी से कहा।

हैरी ने फोन निक को लौटा दिया।

शील रसोईघर में घुस गयी और एक तश्तरी में आठ-दस पिन्नियाँ सजा कर ले आयी। दोनों बच्चे एक-दूसरे को देखकर मुस्कराये। इस घर में दो चीजों पर शुरू से ही बल दिया जाता रहा है, दूध पर और पिन्नियों पर। बच्चों को इन दोनों चीजों से एलर्जी थी। मुश्किल से वे एकाध पिन्नी खा पाते और बची हुई खिड़की से बाहर उछाल देते। नानी ने बच्चों को बड़े चाव और प्यार से एक-एक पिन्नी दी। वो उसे टूँगने लगे। वे पिन्नी में से काजू, किशमिश, पिस्ता जैसे ड्राई फ्रूट निकाल-निकालकर खाने लगे।

"बिल्लू, पिन्नी खाने का यह एक बहुत वाहियात तरीका है।" हरदयाल ने बच्चों को अनिच्छापूर्वक पिन्नी की खुचुरि निकालते देखा तो प्लेट से निकालकर एक साबुत पिन्नी मुँह में रख ली और उसे चबाते हुए बोला, "हमारे यहाँ यों खायी जाती हैं पिन्नी। दिन भर में दो पिन्नियाँ खा लोगे तो खाने की कमी न महसूस होगी। हम लोग बचपन में चुरा-चुराकर पिन्नियाँ खाया करते थे।"

निक ने भी एक पिन्नी उठा ली और खाते हुए नैंसी को पिन्नी के बारे में बताने लगा कि यह एक अत्यन्त पौष्टिक पंजाबी मिठाई है। तुम मॉम से मिलोगी तो तुम्हें भी खाने को मिलेगी। नैंसी ने उससे कुछ पूछा तो निक ने जवाब दिया, "मॉम से ही क्यों नहीं पूछ लेती?" और फोन शील के हाथ में थमा दिया।

"हलो नैंसी हाऊ आर यू?"

"मॉम, निक कहता है कि उसकी माँ तो सौतेली है, उसकी असली माँ तो आप ही हैं।"

"ठीक ही तो कहता है।" शील ने कहा, "पहले निक हमारा सन इन ला था, अब सन है। मैं ही करूँगी उसकी शादी। मैंने तुम्हें देखा तो नहीं मगर चिल्ड्रेन आर वेरी फाँड ऑफ यू और जहाँ तक निक का सवाल है, वह तो तुम पर फिदा है।"

"मॉम, निक इज वैरी स्वीट एंड काईंड हार्टेड। इससे लगता है, वह आपका ही बेटा है।"

"लल्लो चप्पो करना तो कोई तुमसे सीखे।" शील ने कहा और फोन निक को दे दिया।

"आज मॉम के साथ जाकर मैं तुम्हारे लिए कुछ उपहार खरीदूँगा।" निक ने कहा, "उपहार पाने की जल्दी हो तो यहीं चली आओ।"

"वहाँ भी आऊँगी, मगर औपचारिकता के बाद।"

निक ने फोन ऑफ करने के बाद शील से कहा, "मैं नैंसी को सोने की चूड़ियाँ भेंट करना चाहता हूँ। आप मुझे दिलवा देंगी?"

"नैंसी की कलाइयों की नाप है तुम्हारे पास?"

निक का चेहरा किसी किशोर की तरह सुर्ख हो गया और गर्दन घुमाकर दूसरी तरफ देखते हुए बोला, "हाँ है।"

□□